大学英语课堂混合式教学体系构建

张艳芳 ◎ 著

吉林出版集团股份有限公司
全国百佳图书出版单位

图书在版编目（CIP）数据

大学英语课堂混合式教学体系构建 / 张艳芳著. --
长春：吉林出版集团股份有限公司, 2022.9
ISBN 978-7-5731-2273-5

Ⅰ.①大… Ⅱ.①张… Ⅲ.①英语-课堂教学-教学研究-高等学校 Ⅳ.①H319.3

中国版本图书馆CIP数据核字（2022）第173453号

大学英语课堂混合式教学体系构建
DAXUE YINGYU KETANG HUNHESHI JIAOXUE TIXI GOUJIAN

著　　者	张艳芳
责任编辑	杨亚仙
装帧设计	万典文化

出　　版	吉林出版集团股份有限公司
发　　行	吉林出版集团社科图书有限公司
地　　址	吉林省长春市南关区福祉大路5788号　邮编：130118
印　　刷	唐山富达印务有限公司
电　　话	0431-81629711（总编办）
抖 音 号	吉林出版集团社科图书有限公司 37009026326

开　　本	787 mm×1092 mm　1/16
印　　张	6.5
字　　数	150千字
版　　次	2023年1月第1版
印　　次	2023年1月第1次印刷

书　　号	ISBN 978-7-5731-2273-5
定　　价	32.00元

如有印装质量问题，请与市场营销中心联系调换。0431-81629729

前 言

"忽如一夜春风来,千树万树梨花开",用这句话来形容大数据时代到来之迅疾不算为过。网络技术的迅猛发展、教育技术的广泛应用、社会交互软件的全面普及改变了教育的大环境,现代教育技术的飞速发展也深刻而全面地影响了教育的各个方面。教师和学生对灵活、创新型教育的渴望和需求加速了信息化高等教育的发展。教与学不再局限于传统课堂,学生也越来越期待大学课堂的信息技术元素。

混合式教学作为大数据环境下的一个重要模块已在教育界引起热议,在外语教育领域也得到了应用和推广,已逐渐成为高校英语教学的主流模式。于教育家,混合式教学以最低的预算和成本提高学生成绩、合理分配教师的教学时间、培养学生的各种技能;于学生,丰富的网络信息资源为他们提供了很多便利,也为他们的学习提供了更多的选择空间。可以说,混合式教学是教育领域不断进化和发展的一种新型教学模式,既可以帮助教师构建各种各样的教学形式,同时也可以为学生提供一个灵活、便捷、易交际的学习环境。

由于水平有限,本书难免有不妥之处,恳请专家、同行及广大读者批评指正。

张艳芳

目 录

第一章　混合式教学基础认知 ... 1
- 第一节　混合式教学概述 ... 1
- 第二节　混合式教学分类及实践模式 ... 2
- 第三节　混合式教学理论基础 ... 4
- 第四节　混合式教学的流程 ... 7

第二章　大学英语混合式教学之慕课（MOOC） ... 10
- 第一节　慕课的产生及发展历程 ... 10
- 第二节　MOOC+SPOC 新型混合式教学模式探索 ... 17
- 第三节　慕课多元文化背景下高校学生英语学习方式改变 ... 18

第三章　大学英语混合式教学之翻转课堂 ... 27
- 第一节　英语翻转课堂理论基础 ... 27
- 第二节　翻转课堂与传统课堂碰撞 ... 35
- 第三节　翻转课堂教学实践探索 ... 38

第四章　大学英语混合式课堂与自主学习整合 ... 52
- 第一节　英语自主学习能力界定 ... 52
- 第二节　现代信息技术推动下自主学习与混合式教学整合反思 ... 55

第五章　大学英语混合式教学路径重塑 ... 59
- 第一节　优化教学环境 ... 59
- 第二节　实施分级教学 ... 60
- 第三节　线上线下混合式"金课"建设路径 ... 62

第六章　大学英语混合式教学多元化评价体系构建 ... 69
- 第一节　教学评价概述 ... 69
- 第二节　多元多向化评价体系构建 ... 78

参考文献 ... 92

第一章 混合式教学基础认知

第一节 混合式教学概述

一、混合式教学的主要内涵

通过对混合式教学的综述，我们可以对混合式教学进行界定，混合式教学的本质或核心可理解如下：

首先，依托技术，在"教"与"学"过程中进行信息和知识的传递。但是在传递的过程中，需要选择合适的时间和对象，采用合适的教学技术和通过合适的技能来优化教学，确保学习者的学习质量。

其次，混合式教学不是在线学习与课堂面对面学习的简单混合，而是有关"教与学"多个维度和方面的组合或融合。这些维度可以是教学理论、教学模式、教学活动、学习主体、课堂学习环境、在线学习环境、教学媒介、教学材料、教学资源、学生支持服务，等等。

第三，混合式教学的关键是对"教与学"的所有要素进行合理筛选和优化组合。混合式教学是为达到"教"与"学"的目标，对"教"与"学"的要素进行优化组合，以期获得最佳效果。

第四，混合式教学本身是一种教学理念和教学策略，该策略需放置于信息化和网络化的教学大环境中。该理念可包容各种教学理论、多元的教学方法、多样化的学习目标和学习环境，集各种教学资源于一体，实现师生、生生和人机之间的有效互动。

总之，混合式教学的核心内容应该是融合各种教学方法、教学资源、教学模式、教学媒介和学习环境，在多种教学理论的指导下，将课堂教学与网络学习环境有机整合，注重双主角色（即学生为主体、教师为主导）和辅助角色（教学管理员、技术客服等），注重学生的自主学习、协作学习和个性化学习。混合式的教学通过整合在线环境的灵活性和以学生为中心的特点以及传统教学中的交互优势，试图创建一个最有效的学习环境。

二、混合式教学的基本特征

通过对相关文献的梳理和研究，混合式教学的特点可大致归纳如下：

（1）时代性。混合式教学是教育国际化和信息化的必然产物，在教育领域备受关注。而且，随着科技的发展和教育技术的不断更新，混合式教学也将被赋予新的科技内涵。

（2）实用性。混合式教学源于企业培训。后来，很多国家将其用于教育领域，包括中小学教学和高等教育的教学、教师培训等。该领域的探索和实践研究表明，混合式教学是非常有效的教学方式。

（3）多元性。从混合式教学具有"多元"的特征，是"教"与"学"多种要素的整合以及各个教学维度的有机结合。同时，其涵盖的理论基础也是多元的，涉及认知主义、行为主义、建构主义、社会文化理论、教育传播理论等多种教学理论。

（4）动态性。从混合式教学的首次出现到后来经历的几个阶段可知，混合式教学随着时代和环境的改变而不断完善和发展，教学模式、教学方法、教学内容等日趋多样化。

第二节　混合式教学分类及实践模式

一、八边形模型

我们在构思如何创建一个有意义的教学模式时需要综合考虑很多要素。卡恩在2005年提出了混合式教学的八边形模型。该模型是在达巴格（Dabbagh）的三层级模型基础之上发展而成的。达巴格的三层级模型内容包括教学法、学习策略和学习技术。该模型中的三大要素为混合式教学的老师在课程设计和实施上提供了教学活动和教学评估方面的有用信息。达巴格的结构优势在于强调媒介在课程设计过程中的重要作用。随后，卡恩发展了达巴格的混合式教学模型。他提出了八大要素，其模型基于两大考虑。首先，卡恩认为很多因素和人力帮助创建了有意义的学习环境，而这些因素和人力往往又是互相依存的。其次，卡恩坚信，混合式教学是一个过程而非一件一次性的活动。卡恩的八边形框架包含了管理模块、技术模块、道德伦理模块、界面模块、评估模块、资源支持模块、教学模块和机构模块。卡恩的"八边形"指混合式教学中的八大维度，这八大要素指教学、技术、界面设计、评估、管理、资源支持、伦理和机构。

卡恩的八边形模型要求我们在设计混合式教学课程时，需要考虑所传授的学习内容、学习需求、学习目标以及在线设计的诸多注意事项（教学维度），需要选取合适的在线学习工具或平台（技术维度），创建可以保证学生完成混合式教学的用户界面（界面设计维度），建立可以有效合理评价学生的混合式教学课程（评估维度），设计能有效管理学习的混合式教学活动（管理维度），保证学生能适时、实时地使用在线资源（包括在线咨询和指导老师）（资源支持维度），考虑混合式教学课程中诸如学习机会均等、文化多元等伦理因素（伦理维度）以及管理层、校方支持等（机构维度）。

二、ASSURE 模型

ASSURE 每个字母代表的意思是：A——分析学习者；S——陈述教学目标；S——选取教学方法、媒介和素材；U——利用教学素材；R——要求学习者的参与；E——评价和改进。ASSURE 模型于 1999 年提出。该模型关注学习者的需求，将课程和媒介、技术等相结合，为课程设计和实施提供教学指导。与其他模式相比，该模式更强调学习者的需求、认知和体验，明确告诉教师做什么和如何做，可操作性更强。比如，分析学习者时就需要我们了解混合式教学者的特点、所掌握的技能、教学风格等；陈述教学目标就可以让学生更好地了解他们所要学到的东西；在选取教学方法、媒介和素材时，教师应考虑合适的教学方法和教学媒介，并且适时调整、修正相应的教学内容，而且需要搜索教学内容的很多具体信息；为了更好地利用教学素材，教师需要提前备课、让学生操练、为学生提供多样化的学习体验；评价时，需要找到教与学中的问题，特别是找出阻碍学习的关键性因素，不仅要评价学生的表现、教学过程，更不能忽略所使用的媒介和技术等其他因素。

在混合式教学初期，在线课程的学习与面对面教学的兼容问题一直备受争议。为此，很多研究者和教育工作者提出了混合式教学的实际操作准则。佐科瓦斯基特别指出混合式教学过程中的五项关键要素：现场活动、自定步速的学习、合作、评估和学习表现的支撑材料。佩因特罗列了混合式教学的八步曲：（1）确保学习者基本的操作技能和全面的理解；（2）告知学习者学习目标、具体事项、所学技能中的关键要素，并向其解释学这些的价值和意义；（3）为了帮助学习者更好地应用这些技能，向其说明操作步骤、原则、概念和所有过程；（4）对于新学到的技能，为学习者提供操练的机会，强化长期记忆；（5）评价学习者对新技能的运用情况并提供反馈；（6）帮助学习迁移；（7）提供来自同学、老师或专家的帮助；（8）让学习者学会合作解决问题。

三、ADDIE 模型

ADDIE 模型将教学分为五个阶段：分析、设计、研发、实施和评价。ADDIE 五个字母分别表示：Analysis——分析，即对教学所要达到的行为目标、任务、受众、环境、绩效目标等进行一系列的分析；Design——设计，即对将要进行的教学活动进行课程设计；Development——开发，即针对已经设计好的课程框架、评估手段等，进行相应的课程内容撰写、页面设计、测试等；Implement——实施，即对已经开发的课程进行教学实施，同时进行实施支持；Evaluation——评估，即对已经完成的教学课程及受众学习效果进行评估。虽然很多学者都将其视为一种最常用的、系统介绍教学的方法，但也有学者指出该模型存在很多问题。克拉克认为，该模型无法确认学习者身上发生的行为变化。在分析阶段由于输出有限，不能切中关键性要素，过于细致的步骤反而限制了学习者的创新，同时整个过程没有调整的空间。

对于混合式教学的实施，国内学者黄荣怀教授等基于对混合式教学相关理论和现实的认识，提出混合式教学课程的设计框架。该框架将混合式教学课程的设计分为前端分析、活动与资源设计和教学评价设计三个阶段。前端分析通过学习者的特征分析、基于知识分类的学习目标分析、混合式教学的环境分析来确定课程是否适合开展混合式教学，并根据学习者的熟练程度确定学习目标。活动与资源设计阶段由学习总体设计、单元（活动）设计和资源设计与开发三个环节组成。其中，总体设计环节是混合式教学方式能否适应课程教学和学习者需求的关键一环。教学评价设计阶段通过对学习过程的评价、课程知识考试和学习活动组织情况的评定等方式对教学效果进行评价。

第三节 混合式教学理论基础

一、创新扩散理论

创新扩散理论由埃弗雷特·罗杰斯（Everett Rogers）于 2003 年提出，是一种被广泛接受的用来解释社会变化一般规律的理论。该理论揭示了创新扩散、发展、创新决策过程的属性和使用频率、使用分类、扩散网络等内容。罗杰斯在20世纪50年代中期首次做了这个研究，从那以后，各个领域的学者都开始广泛使用该理论，将其用于社会学、交际学、教育学、市场营销、人类学、公共卫生医疗等领域。不管是哪个领域，他们都使用相近的定性、定量方法进行扩散研究。定性研究主要通过案例分析、观察法和访谈的形式，而定量研究主要是问卷调查的方法。创新扩散曾用来解释各种创新做法和对象，如用于沸腾的开水、发展中国家疾病传播的预防、高速公路拼车专用道的设立、美国家庭个人电脑的购买等。这些做法和使用对象的共同之处就是为使用者提供创新的理念。

　　罗杰斯对创新的界定是"任何个体或使用单位所认为的新理念、新做法或新事物"。该理论最主要的两大内容是创新的属性和创新决策过程。在罗杰斯看来，每一种创新都有五个帮助或阻碍扩散的属性：（1）相对优势；（2）兼容性；（3）复杂性；（4）可测试性；（5）可观测性。相对优势是指用户是否将这种创新视为一种优势，创新带来的优势越多，采用的速度就越快。相同的关系同样适用于兼容性：对创新的看法是否与使用者已有的经验和价值观兼容。另一方面，复杂性对使用有者消极的影响，因为创新越复杂，接受的可能性就越低。可测试性是指用户能尝试该创新的程度。可测察性是指某种创新在被使用之前能被观察的程度。可测试性和可观测性对创新的使用起着积极的作用。这些属性在帮我们理解用户对创新的看法上至关重要。同时，罗杰斯理论中的相对优势和复杂性又是技术接受模型框架中的重要元素。技术接受模型是一个用来描述人们如何接触和使用新技术的理论模型。在该模型中，罗杰斯的相对优势和复杂性可大体理解成预估有用度和预估使用简易度这两大特性。预估有用度是指某种技术提高工作效率的预估水平，预估使用简易度代表着某种技术可以多大程度上减轻工作量。

　　罗杰斯理论中的另一重要内容是创新决策过程，它向我们解释了个体从接触某类创新到完整使用该创新的全过程。该模型有五个阶段：知识、说服、决策、执行和确认。知识阶段是个体接触某种创新、了解其目的和功能的过程。该阶段涉及创新的三类知识：认识知识（某创新中所包含的信息）、如何知识（有关如何使用该创新的信息）及原则知识（该创新的运行原则）。说服阶段是个体对某创新形成看法的阶段。这种看法可以是积极的或负面的，反过来又可以影响该创新能否被采用。同时，为了了解该创新是否可以在某特定的环境中运行以及为了减少有效性的不确定因素，个体通常还会向其他个体、可靠的来源或者媒体寻求评估信息。同行一般是该阶段主要信息来源，为新用户提供支持并减少创新结果的不确定性。决策阶段用来决定用户是否采用该创新。当然，在使用之前，个体会在自己所处的环境中先试用该创新。他们有时候也会从其他渠道寻求额外的信息。试用后，如果认为这种创新是有利的，那么就会马上进入执行阶段。执行阶段就是使用创新的阶段。该阶段的特点是对创新的持续性使用，最后就会开始有规律地定期使用。用户会通过技术协助和正强化等形式寻求使用支持。一旦该创新被制度化了，执行阶段就结束了，开始进入了确认阶段，这也是最后的阶段。确认阶段的创新会完全成为一种当前的例行做法，这时候用户开始将这种创新推荐给其他人。

该理论在应用语言学中有所使用。巴克斯、钱伯斯和巴克斯以扩散理论为框架，将计算机辅助英语教学作为一种创新，研究它如何扩散并进入正常化使用，即计算机网络与外语教学的完全整合。巴克斯在罗杰斯的创新扩散阶段基础上稍作调整，结合自己的研究目的和语境，建立了计算机辅助英语教学常态化的第七个阶段。钱伯斯和巴克斯从影响CALL扩散的因素来研究该创新。沃尔在语言评估方面也借鉴了罗杰斯的观点，她调查了语言测试这种创新的影响力。同时，结合罗杰斯的创新属性，对高风险教学测试的影响进行了归类并试图构建一个适用性很强的理论框架。

二、课程创新理论

罗杰斯和其他扩散理论研究者的观点被用于努玛·马基（Numa Markee）的语言教学和教师教育研究中，为此努玛·马基创立了课程创新理论。该理论特别适合语言教学的专业人员，因为创新课程是如何设计、实施并得到沿用都为语言教学人员提供了很好的指导意见。Markee认为课程创新就是"研发产品被管理的过程，主要的产品是教学和（或）测试材料、方法论指导下的技能以及教学价值观，这些产品在潜在的用户看来都是创新的产品"。马基从ESL（English as a second Language，以英语为第二语言/外语）项目的教学助教中找到了很多的课程创新资料，为第一个主要产品，即新的教学材料找到了来源。这种新的教学素材都是由所有的教学助教研发的。第二个主要产品，即为新的操练方法，这些新的操练方法都是来自ESL课程项目中五名助教的教学体验。为了更好地记录参与者的数据，马基曾建议用纵向数据法进行数据的收集，最后，马基表示新的教学价值观的研发比较困难，因为其本身的抽象性和复杂性。他也总结道"方法论和态度上的变化是没有规律的，如何找到材料中的变化也存在一定难度"。

在马基的框架基础上，其他创新研究者的成果颇丰。例如，托德研究了泰国某大学任务型语言教学的创新执行情况。在该创新产品中，四年的课程学习都是由教师自主研发教学材料并做相应的变化和调整。为了证明任务型的课程内容就是一种创新，Todd 还提供了更宽泛的背景进行进一步解释：教师对以前基于技能培训的课程表示不满意，因此改变课程内容的需求会更好地满足学生的需求。除了课程内容的创新，鲁宾（Rubin）语言教学的创新还呈现了其他形式，如"语言教学中心顾问的引进和制度化"。Rubin 特别指出这类教学顾问对学习者的自我管理是一种创新的做法。卡尔森（Karlsson）等探讨了新教学价值观中心理咨询方面的研究。马基虽没有提到教育科技的创新方面，但他的理论框架对计算机辅助外语教学的研究就是一种创新。萨帕塔研究了 CALL（计算机和互联网、录像机、磁带以及 CD 播放器的使用）是否代表着一种真正的课程创新，观察了美国某大学五名西班牙语教学助教使用计算机进行教学的情况。教学助教在语言课程项目（首先需要对课程中的 CALL 进行介绍）中都是没有教学经验的老师，通过对五名教学助教使用计算机语音室的课堂观察以及相应的访谈，萨帕塔发现，参与者对 CALL 的使用差异很大，有些用的很少或几乎不用，而有些老师充分使用了计算机语音室这一教学媒介。总之，萨帕塔的研究结论是：CALL 课程并非真正意义上的创新课程，因为对大部分参与者而言，CALL 并未改变他们的教学方法，只是改变了课堂的物理环境而已。为了进一步挖掘产生这种现象的原因，萨帕塔又从创新的属性和参与者的角色这两大维度进行了研究。马基的课程创新将用于界定网络学习平台在混合式教学中的使用是否是一种真正的创新。根据马基的定义，有必要对创新的三大产品进行评估，这三大产品是教学材料、方法技能和教学价值观。

该理论告诉我们，在信息技术不断推进的环境下，教学需要满足学习者的需求。混合式教学设计非常关键，涉及教学内容、教学策略、学习者的特征分析、教育媒介的选取、教师和学生活动的设计等多个元素。不管哪个理论，其基本的理论假设都是一样的，即在有意义的教学情境中，每个个体都应是积极的行动者，旨在寻求和构建自己的知识。混合式教学的目的是为学生创设既真实又多维度的语言学习环境，能将学生的学习与之前的知识甚至现实世界相联系。

第四节　混合式教学的流程

一、混合式教学的发展

"混合学习"和"混合式教学"同为英语单词 blendedlearning 常用的中文翻译，在本研究中对其视为同一意义。但鉴于本研究主要聚焦教师，探讨教师的教学行为，因此主要使用"混合式教学"这一术语。在线学习具有自身的优势，如教学资源丰富，学习不受时间、地点的限制，这些都是传统面授课堂无法比拟的。另一方面，传统面对面教学也有其自身的优势，如便于提供情感支持等。混合式教学正是追求发挥二者各自的优势，相互补充，为学习者创建连贯、灵活、丰富的学习体验，以达到高效、高质的学习效果。美国的多媒体联盟每年都会发表《地平线报告》，预测未来一到五年之间教育领域的趋势。近三年的《地平线报告》连续强调混合式教学的重要性，预测其将在高等教育领域被广泛应用的趋势。国内的教育技术界也纷纷强调混合式教学的意义。何克抗、李克东、赵建华指出混合式教学体现了教育技术理论的发展，既体现了信息时代PH的特征，又回归了学习的本源，将对信息技术与课程整合产生深刻影响。南国农（2010）指出混合式教学"符合学与教规律，适合我国国情，对当今教育信息化建设和深化改革具有现实意义"国家的许多政策文件也提出了发展混合式教学的要求。教育部出台的《2016年教育信息化工作要点》中提出"指导高校利用在线开放课程探索翻转课堂、混合式教学等教学方式改革"。《国家教育事业发展"十三五"规划》中要求"全力推动信息技术与教育教学深度融合，利用翻转课堂、混合式教学等多种方式用好优质数字资源"。

国家强调通过教育信息化促进教育现代化，而"教育信息化进程已从强调软、硬件基础设施建设的初始阶段进入到强调应用、尤其是教学过程中应用的深入发展阶段"。混合式教学正是对信息技术的深入应用，是信息技术与课程深度融合的产物。

二、对大学英语教师的要求

技术不会自动发挥作用，教师的作用至关重要。正如美国前教育部长莱礼（Riley）所说：提高教育质量意味着我们应该投资到改善课程、学校安全、技术使用增加上，但最重要的投资是高质量的、敬业的教师。没有好的教师，任何教育改革都不会成功。任何教育变革最终都要通过教师的教学行为去落实，教师的教学行为是否有效，直接关系到学习的成效。

同理，混合式教学的优势不会自然发生，它不是技术和教学的简单叠加，是技术与教学的融合性创新，而教师制约着混合式教学的效果和质量，因此，混合教学能力也成为教师专业发展中不可或缺的一部分。大学英语课程的纲领性文件《大学英语课程教学要求》指出"各高等学校应充分利用现代信息技术，采用基于计算机和课堂的英语教学模式，改进以教师讲授为主的单一教学模式。使英语的教与学可以在一定程度上不受时间和地点的限制，朝着个性化和自主学习的方向发展"。教育部高等学校大学外语教学指导委员会于2015年定稿的《大学英语教学指南》多次提到要实施混合式教学，明确了混合式教学在大学英语课程中的地位。课程设置部分提到"各高校应将网络课程纳入课程设置，重视在线网络课程建设，使课堂教学与基于网络的学习无缝对接，融为一体""教学方法部分提到教师要充分利用网络教学平台，为学生提供自主学习路径和丰富的自主学习资源，促使学生从被动学习向主动学习转变"；"教学手段"部分提到"鼓励教师建设和使用慕课，利用网上优质教育资源改造和拓展教学内容，实施基于课堂和在线网上课程的翻转课堂等混合式教学模式"；教学资源部分则对在线学习平台的建设提出了指导意见，"各高校应根据自身教学需求和特点，引进或开发以网络教学系统为主要内容的网络教学平台。网络教学平台建设要与网络课程建设相结合"。

　　如果教师不与时俱进，不了解混合式教学模式下的教学新规律，墨守成规，或将混合式教学看成是一种热闹，而不是当作一种趋势，那混合式教学的优势将得不到充分发挥。

　　因此，有必要聚焦教师，研究教师如何充分发挥混合式教学的优势。英语教师是课堂的实践者、决策者和改革者，他们在多大程度上接受教学改革、如何改等都直接影响到教学改革的效果。因而对大学英语教学改革中的关键人物——教师，进行深入、细致的研究显得尤为重要。

　　在现阶段的大学教学中，多数教师都会积极主动地应用多媒体技术开展相应的英语教学活动，多媒体技术的应用不仅可以使教学内容更加丰富，同时还可以有效地激发学生学习积极性，更重要的是可以使学生愿意对英语资源展开阅读，这样一来学生的英语水平就会得到全面的提升。

　　所以，当前大学英语教学改革的主要方向还是趋向于多媒体教学方面，这样教师就可以利用网络收集各种教学资料，并且可以将有用的教学资料进行全面的资源共享，一方面提高了混合式英语教学的教学质量，另一方面集中展示出英语教学在实用性、知识性、趣味性等方面的独特魅力，让学生的个性化和自主化学习不断增强，最终使整个大学英语学习朝着利好方向发展。

第二章　大学英语混合式教学之慕课（MOOCs）

第一节　慕课的产生及发展历程

2012年，慕课，即MOOCs（Massive Open Online Courses）开始在世界范围内广泛传播，引起了各方的高度关注。尤其是随着世界知名高校斯坦福大学、麻省理工学院及哈佛大学推出MOOCs的三大主流机构Coursera、Udacity、edX后，兴起于美国的MOOCs在较短时间内吸引了来自全球的数百万学习者注册学习，大量世界知名高校相继加入，进而引发了在线教育的"数字海啸"。《时代》杂志把2012年称为MOOCs元年。在MOOCs高歌猛进之际，从2013年起，一些学者开始对其进行反思，批评、反对的声音也一度高涨。但这并没有阻止MOOCs前行的脚步，其依然是教育行业、商业领域最为热门的话题之一。乔治·西蒙斯认为它是在学习者对知识需求的多样性增加、各种先进技术的可访问性提高以及学习者的学习能力在增强，而大学却又对此敏锐且快速响应的时代多元文化背景下的必然产物。MOOCs的快速发展，使得在线教育领域也受到前所未有的关注，尤其是高等学校开始自觉关注在线教育。

MOOCs的快速发展表现在两个维度，一是MOOCs机构和课程规模的快速发展，在短期内迅速波及到世界各地，并吸引了大量的学习者关注；二是在发展的过程中，MOOCs自身也在不断演化与发展，形成了丰富多样的各类实践形式。MOOCs多元丰富的实践形式与其所处的发展阶段（初期）有关，而更为深层的原因是技术强劲的变革潜力以及教育组织与服务模式的多种可能性。

一、MOOCs释义

MOOCs是Massive Open Online Courses（大规模开放在线课程）的简称，在我国被翻译为"慕课"。MOOCs与开展多年的开放课程资源运动有着密切的联系，同时又有本质的区别。开放课程资源由麻省理工学院（MIT）于2001年启动，并逐渐在世界范围内开展起来。到 2011 年，MIT 计划把几乎所有的 2000 多门课程的教学材料开放在网络上，有 1 亿多用户从中受益；到 2021 年，MIT 计划开放课程资源的访问量增加 10 倍，达到 10 亿人，MIT 计划希望其开放教育资源能够成为一个连接人类潜能和机会的桥梁，激励世人改善生活、改变世界。目前，MIT 在其开放课程资源网站上共开放了 2260 门课程材料，共有 175000000 的访问量。其开放的课程材料主要有三类：一是课堂讲义、作业和实验等相关资料；二是部分课堂视频和实验示范视频；三是各学科领域的主题资料。开放课程资源大多停留在公布课程阶段，不提供学习辅导，不承诺提供课程的全部资料，不提供证书或文凭。正如麻省理工学院的俞永平（Dick K. P. Yue）教授所说，开放课程资源的想法很简单，就是通过在线的方式公开他们所有的课程材料，并把这些材料尽可能地传输给每一个人。所以，开放课程资源致力于将优质资源开放共享，追求的是资源的覆盖范围，而并没有关注其对教育教学的深度影响。MIT 计划的开放课程资源不是 MIT 正规教育，不希望替代交互教师授课环境，不授予学位，而是基于 Web 的几乎所有 MIT 课程内容的发布，一项面向全世界开放使用的永久性活动。MOOCs 以网络化学习的开放教育学为基础，相比之前的开放课程资源，MOOCs 在免费开放课程资源的基础上，进一步开放了整个学习过程，不仅仅局限于视频讲座等内容的呈现，进一步加强了学习过程中的支持服务，也更加关注学习者的学习效果，MOOCs 尝试通过章节测验、课程考试、师生互动交流等学习支持服务来促进大规模学生在线学习的发生。这相比之前的开放课程资源只满足于呈现课程内容而不关心学生如何学习和学习效果的局限显然大大进步了。MOOCs 的出现，是互联网教育应用的一个分界点，在此之前，网络教育的关注点聚焦于开放课程的内容层面，在此之后，MOOCs 探索开放互联网多元文化背景下全新的大学课程组织实施模式，撬动着根深蒂固的传统课堂的组织管理模式。很显然，MOOCs 不仅有课程资源，还有教学过程、针对学生的支持服务和针对学习效果的评价。或者可以这样说，开放课程资源是基于 Web 1.0 技术呈现课程内容，而 MOOCs 则是在 Web 2.0 技术支撑下，充分通过用户的评价、分享将知识组织起来，实现知识的深化与创新。

二、MOOCs 的演化

MOOCs 虽然以井喷之势在 2012 年获得快速发展，但是在此之前 MOOCs 已经进行了长时间的酝酿和准备。在 2007 年，美国犹他大学戴维·威利（David Wiley）教授在 Wiki 上开设了《开放教育大纲导论》课程，其目的在于使世界各地的用户都可以分享课程资源。2008年1月，加拿大里贾纳大学（University of Regina）的亚历克·库鲁斯教授开设了网络课程《社会媒体与开放教育》，并邀请全球众多专家远程参与教学。这两门课程的实验与开设为MOOCs课程模式的诞生奠定了思想基础和技术准备，可以说是MOOCs的前身。

MOOCs这个专用名词在2008年，由加拿大学者戴维·科米尔（Dave Cormier）和布赖恩·亚历山大（Bryan Alexander）提出。同年9月，加拿大学者乔治·西蒙斯（George Siemens）和斯蒂芬·唐斯（Stephen Downes）应用这个概念开设了第一门真正的MOOCs课程——"联结主义与联结知识"。根据斯蒂芬·唐斯所述，其实当时乔治·西蒙斯和斯蒂芬·唐斯的本意并非创建一个MOOCs，所以，确切来说MOOCs这一形式并不是他们设计和实施的，但他们当时对自己想要建一个什么样的课程有着清晰的认识，这些认识导致了今天的MOOCs的诞生。2011年，美国斯坦福大学塞巴斯蒂安·史朗教授把研究生课程《人工智能导论》发布到互联网上，吸引了来自190多个国家的16万名学生注册学习。随着这一前所未有的教育组织形式见诸报端，各商业机构、风险投资家、媒体、知名高校都加入到MOOCs浪潮，立刻引来了全世界范围内的一场以MOOCs为代表的在线教育"海啸"。MOOCs一词所代表的每一个单词都可以有多种理解，这是MOOCs的多样化发展的原因之一；而对早期MOOCs的反思与批判，也导致了人们基于改善的初衷设计了更加多样化的MOOCs，这导致了MOOCs发展过程中呈现出多样化的特点与趋势。最广为人知的即最初基于联通主义学习理论开发的cMOOCs（基于网络的MOOCs）以及后来以《人工智能导论》为代表的、各大高校和商业机构纷纷参与设计的xMOOCs（基于内容的MOOCs）两类。xMOOCs是发展最快、得到国际社会关注最多的一支。当前对于MOOCs的讨论，不管是学术界还是商业领域都主要关注xMOOCs，对MOOCs的本源cMOOCs却已经淡忘。基于对MOOCs的批判和思考，更多新的实践形式开始出现，例如，SPOC（Small Private Online Course，小规模私有在线课程）、DLMOOC（Deep Learning MOOC，深度学习MOOC）、Meta – MOOC（超级MOOC）、MOOL（Massive Open Online Labs，大规模开放在线实验室）、MobiMOOC（Mobile MOOC，移动MOOC）、DOCC（Distributed Open Collaborative Course，分布式开放协作课）、PMOOC（Personalized MOOC，个性化MOOC）、MOOR（Massive Open Online Research，大规模开放在线研究课），众多MOOCs实践类型的出现与发展，标志着开放在线教育的后MOOCs时代开始到来。虽然每一样式都代表着在线教育的一类新型探索与实践，但它们都带有MOOCs的"免费、公开、在线"的基因，所以，仍可将它们看作 MOOCs 的延续与创新。

（一）发展脉络

2012 年 1 月，营利性机构优达学城（Udacity）成立，它是由斯坦福大学计算机教授塞巴斯蒂安·史朗、戴维·斯塔文和迈克·索科尔斯基联合创办的。与其他 MOOCs 不同的是，Udacity 一直坚持自己开发课程，其大部分课程都由公司与开课教师合作开发，并没有与其他大学结成广泛的联盟。它以计算机类课程为主，课程数量虽不多，却极为精致，许多细节专为在线授课而设计。2012 年 3 月，营利性机构 Coursera（意为"课程的时代"）正式上线。自其创立之初，便十分注重与世界知名大学的合作。美国的常青藤大学以及杜克大学、约翰霍普金斯大学、莱斯大学、伊利诺伊大学厄巴纳分校、加州理工大学、伯克利音乐学院等高校纷纷加入。而与其合作的国际高校来自英国、法国、中国、意大利、印度、澳大利亚等国家。目前 Coursera 是全球最大的 MOOCs 公司。2012 年 9 月，麻省理工学院与哈佛大学共同成立了非营利性机构 edX（在线课堂平台）。edX 的主要目标是为在线学生建立一个全球性的课堂，扩大高校同盟集体影响力，与全球 70 余所顶尖大学开展合作。除为全世界的学习者提供免费课程外，该平台同时为大学内部提供在线教学服务。edX 的另外一个属性更像是大学的一个实验基地，通过研究线上、线下混合教学的模式，提高线下传统校园的教学和学习效果。2012 年 7 月，谷歌（Google）推出了第一门 MOOCs——拓展您的搜索技巧（Power Searching with Google）。该课程由 Google 搜索教育专家丹·罗素（Dan Russel）主讲，共有来自 196 个国家的 15.5 万名学习者参加在线学习，大约有 2 万人结业。2012 年 9 月，Google 推出了 MOOCs 开源制作工具——Course Builder，即便是普通的老师也可以利用该工具制作自己的 MOOCs。2012 年 12 月，英国开放大学、伯明翰大学、南安普敦大学等十几家大学成立了 Future Learn 公司（英国的网络课程学习平台），这是在美国之外出现的欧洲第一家 MOOCs 机构。最初，FutureLearn 只与全球排名前 1% 的大学合作，但是随着发展，该平台也希望扩大合作，提供排名较低但专业突出的大学的优势课程。新合作伙伴将分为两个类别：卓越中心，因特定专长而全球知名的院系；专业组织，在本专业领域，全国或全球知名的机构。根据该计划，澳大利亚卧龙岗大学若干院系、南丹麦大学汉斯·克里斯蒂安·安徒生中心、专门从事语言教学的锡耶纳外国人大学都将提供网络开放课程。2013 年，日本大规模在线课程平台思酷（Schoo）成立，其主要目标是日本国内年轻的上班族，并逐渐向学生群体扩大。2013 年，巴西大规模在线开放课程平台 Veduca 成立，其除有本国的课程外，也引入了哈佛大学、哥伦比亚大学等高校的课程。2013年3月，澳大利亚正式发布Open2Study平台，这是澳大利亚第一个免费的网上教育平台。此外，德国的Iversity、法国的"数字大学城"（FUN）、印度的WizIQ、爱尔兰的ALISON等平台也相继建立。Iversity不与其他大学或机构合作，而是直接面向全球召集MOOCs讲师，并且像Blackboard、Instructure等课件平台提供商，也鼓励老师在其云平台上建设公开课程。欧盟的11个国家甚至发起"泛欧MOOCs计划"（Pan-European MOOCs initiative），由欧洲远程教育大学联盟（EADTU）牵头，在欧洲委员会（European Commission）的支持下创建了OpenupEd平台，试图集全欧洲之力在MOOCs市场与美国抗衡。

　　截至2015年12月底，Coursera共与28个国家和地区的140个机构进行合作。平台上开放了涵盖艺术与人文、商务、计算机科学、数据科学、生命科学、数学和逻辑、个人发展、物理科学与工程、社会科学等领域的1553门课程，共有16722243名学习者注册学习。edX平台开放了包括英语、中文、法语、葡萄牙语、意大利语等9种语言的807门课程，有1700多名教师和工作人员提供学习支持服务，注册学习者共获得了58万余个课程证书。MOOCs学习的学分正在得到各国家和地区教育机构、教育管理部门的认可，逐步进入正规教育体系。2012年11月13日，美国教育理事会同意对Coursera上由顶尖大学提供的几门课程进行评估；2013年2月，Coursera宣布其5门课程进入了美国教育理事会的学分推荐计划，学生选修这些课程的学分可获大学的承认。这标志着MOOCs正式进入了正规的高等教育体系。时至今日，MOOCs的发展依然有很大的不确定性。这种不确定性一方面来自MOOCs依然没有破解对MOOCs批判和反思的一系列问题，另一方面MOOCs作为在线教育发展的一种形式，其变革高等教育在应然性与实然性之间并没有找到很好的突破口，尤其是在具有保守传统的教育系统面前，MOOCs依然有很长的路要走。

（二）中国MOOCs发展

　　1977年，邓小平在会见英国前首相爱德华·希思时，表达了对英国依托广播电视等手段举办开放大学，开展远程高等教育的模式非常感兴趣。1978年2月，邓小平批示要建立广播电视大学。1979年2月，中央广播电视大学和全国28所广播电视大学同时开学。自此，拉开了中国利用现代技术手段开展教育的序幕，也为以后开展信息化（在线）教育奠定了一定的基础。随着计算机技术和网络技术的发展，20世纪80年代中国教育信息化开始萌芽，中国在线教育伴随着教育信息化的推进开始起步发展。20世纪90年代以来，中国计算机和网络技术的快速发展为在线教育的发展提供了坚实的技术支撑和难得的发展机遇。以现代远程教育工程的启动为标志，中国的在线教育进入了快速发展时期。2012年，当裹挟着服务模式创新与教学模式创新的MOOCs进入国人的视线之际，人们似乎找寻到了长久以来苦苦寻觅的以现代信息技术变革教育的途径与目标。

1. 发展历程

MOOCs在2012年于世界范围内呈现井喷之际传入中国。国内，MOOCs的发展则是遵循研究先行（以介绍国外的实践为主）、实践随后的发展模式。2013年5月起，MOOCs开始全面进入国内相关教育研究与改革视野，不仅教育技术和远程教育领域的研究者关注MOOCs，教育领域的其他研究者特别是高等教育领域的研究者也开始关注和研究MOOCs，与其相关的学术研讨在国内大量开展。鉴于MOOCs在中国的实践形式更为丰富和多元，对中国MOOCs的发展我们难以完整、精确地呈现其发展演化，仅能大概反映其发展脉络。2012年5月，"上海高校课程中心"平台建成。30所上海本地高校加入，其提供的课程不仅仅是线上学习，也有线下的面授教学。上海的大学生可以跨校选课，"课程中心"内各联盟的高校将实现学分互认。2012年10月，过来人（北京）教育科技有限公司推出首个中文MOOCs平台"顶你学堂"。2012年12月，上海卓越睿新数码科技有限公司推出"智慧树"平台。2013年5月，清华大学和北京大学加入edX平台。清华大学edX项目共有30多门课程，前期上线4门课程，面向全球开放。北京大学5年内争取建设100门网络开放课程。北京大学和清华大学这两所国内知名高校的加入，进一步推动了MOOCs在国内的发展。2013年7月，上海交通大学和复旦大学与Coursera确立合作关系。Coursera还负责培训教授和老师，使课程符合上传标准和授课标准。2013年8月，慧科教育推出"开课吧"平台。2013年9月，海峡两岸5所交通大学——上海交大、西安交大、西南交大、北京交大、台湾新竹交大，推出"ewant育网开放教育平台"，作为5校开放课程学习平台，向华文学习者提供免费的课程学习机会。2013年10月，清华大学推出"学堂在线"MOOCs平台。

2013年底，中国成人教育协会教育教学改革专业委员会联合47家会员单位，成立了"成人高校MOOCs联盟"。2014年11月，首批建设课程成功上线。2014年4月，上海交通大学推出"好大学在线"平台。2014年5月，清华大学宣布承认MOOCs平台学分。2014年5月，爱课程网和网易公司共同推出了"中国大学MOOCs"平台，现在已经成为中国开放课程较多的MOOCs平台之一。2014年5月，由深圳大学牵头，联合全国90所地方高校正式成立"优课联盟"。联盟将整合校际优质教学资源，形成优质课程共享机制，丰富教与学的方式，促进高等教育均衡化发展，提升地方高校人才培养水平和服务社会能力。2015年2月，北京大学和阿里巴巴集团联合推出"华文慕课"。

2. 发展现状

时至今日，中国MOOCs的发展依然活跃，不仅其实践形式更为多元、丰富，而且其研究也在不断深入：由最初的介绍国外MOOCs的发展转向了探寻中国特色的MOOCs发展之路，并关注MOOCs影响中国教育综合改革的可能性和巨大价值。中国MOOCs发展的丰富实践得益于高等学校和专业教育公司、技术公司的共同推动。在对中国MOOCs的调查中，通过网络搜索等方式共搜寻到了96个类似的平台，针对这些平台我们以"开放注册、可以选课、具有一定的学生支持服务体系、具有辅导教师、具有讨论区、具有评价体系"等标准作为筛选条件，从中遴选出了14个我们认为是真正意义上的MOOCs平台。

学堂在线平台与斯坦福大学、清华大学、山东大学等国内外20所高校进行合作，部分edX联盟高校的课程也在该平台上开放，目前共开放了905门课程。尤其值得关注的是，学堂在线还提供学位课程，全国工程专业学位研究生教育指导委员会与学堂在线合作，搭建了"全国工程硕士专业学位研究生在线课程公共平台"，面向全国工程硕士专业学位研究生乃至全球学习者，采取公开发布、免费学习、有偿资质认证和学分认证的服务模式。清华大学还依托学堂在线推出了全国首个基于混合式教育模式的工程硕士学位——数据科学与工程专业学位。依托学堂在线平台，清华大学与复旦大学合作推出了金融学辅修专业，授课和考核采取线上和线下相结合的方式，两校互认在线课程学分。

大学在线平台与53所高校进行合作，并与上海振华重工（集团）、示范性软件学院联盟、重庆大学城等进行合作，共开放了194门课程，涵盖哲学、经济学、法学、教育学、文学、历史学、理学、工学、农学、医学、军事学、管理学和艺术学等学科门类；其中109门提供课程证书，85门不提供课程证书；有65门课程已完成开课，82门课程正在进行，47门课程即将开课；授课语言以中文为主，有188门课程以中文授课，6门课程以英文授课。

华文慕课平台目前合作的高校只有北京大学和台湾大学，该平台除与高校等教育机构合作外，也邀请教师以个人身份加入，目前共有14名教师以个人身份与该平台进行合作。目前该平台共开放了30门课程，涉及计算机科学、统计与数据分析、数学、化学、物理、社会科学、法律、生命科学、教育学、艺术、人文、医学、健康与社会、商业和管理等领域。

中国大学MOOCs平台目前与国内56所高校进行合作，推出了767门课程，涵盖文学艺术、哲学历史、经管法学、基础科学、工程技术、农林医药等领域。

"优课联盟"有91所地方高校加入，其开放的课程涵盖艺术学、文学、历史学、哲学、经济学、法学、教育学、理学、工学、农学、医学和管理学等学科领域，目前该平台共开放了53门课程，有50所学校的2.5万名学习者选课学习，成员高校遍布24个省市、48座城市。除去本土MOOCs的发展外，中国高校与国际MOOCs公司的合作也取得了积极进步。目前与Coursera合作的国内高校有南京大学、上海交通大学、复旦大学、西安交通大学、北京大学、台湾大学、香港科技大学、香港中文大学8所知名高校，共开设了123门课程。目前与edX合作的国内高校有北京大学、清华大学、香港科技大学、香港大学、香港理工大学5所高校，共开设了66门课程。

第二节　MOOCs+SPOC新型混合式教学模式探索

随着网络技术的迅速发展，多媒体技术、人工智能技术、大数据处理技术等发展迅速，人们展现知识的手段越发丰富，课程内容讲解不再单调。更重要的是，互联网的普遍应用，已经改变了人们的习惯，包括阅读习惯、知识获取习惯，甚至学习习惯。这种习惯的改变必然带来思维的改变。学习者在网络上获取知识的主要方式打破了以往知识获取过程的系统性，同时，知识爆炸需要人们在某些方面获取碎片化的信息。然而，知识仍是系统的，那么将碎片化的知识系统地展现出来，并且被学习者所接受，帮助其建构出自己的理解和个性化的知识系统，便是对现代教育提出的更高要求。此时，以课程形式组织，并能碎片化重组知识的在线课程模式便成为潮流。MOOCs和SPOC（小规模限制性在线课程）均是这种课程的不同形式。MOOCs强调大规模和开放，由于这些特点，其教学对象呈现多样性。多样性的教学对象使每个学生根据其自身的基础和兴趣自主选择课程内容。MOOCs的课程内容多以的形式呈现，碎片化的知识传播可以便于学生做出自主选择，同时顺应了知识爆炸时代的碎片化趋势；MOOCs课程的线上交流和学生、助教之间的互动讨论是学习过程中必不可少的环节，而且互动的效果直接影响课程的实际运行效果。因此，在课堂的学生评价中，其会与传统课堂有很大区别。MOOCs更具有教育的社会性，是成人化、社会化教育的一种非常可取的形式。

在MOOCs平台的作用下，在线学习从结构化、系统化知识的准确传递变成了有导向的协同共享学习；从必须受制于学习体系控制的学习变成了学生自身控制的学习；从正式学习变成了可移动的混合式学习；从有计划的学习模式变成了满足学生自定步调的生成性学习。还有最重要的一点变化，是在网络平台功能设计方面，MOOCs可以完成各种大数据的统计和分析工作，不仅可以对学生的学习成效进行客观性评价，还能对学生的学习行为进行分析，以过程评价代替以往传统教学中的单一评价方式。在全世界掀起MOOCs浪潮之后，MOOCs受到了我国教育决策部门和教育研究者的关注与重视。但对于学校教育，直接利用MOOCs代替课堂教学还存在相当多的问题，于是产生了SPOC等MOOCs的创新形式，旨在解决MOOCs学习过程中的学习支持服务问题。SPOC是针对一种特殊群体而设置的在线课程，一般学校在实际教学中更多会选择这种模式。不仅国外的各大高校有自己的这类教学平台，国内的高校也纷纷建立这样的平台，主要是为了建立满足校内学生需求的在线课程，供教师在实际课堂教学中参考使用。教师在教学实际中可以将这些平台作为学生课前预习、课后复习以及课中讨论的平台。

第三节　慕课多元文化背景下高校学生英语学习方式改变

近年来的MOOCs发展，在国内外引起高等教育领域的震动。究其本质，并不仅是作为工具技术的互联网应用于教育领域所引发的局部性改革，它不仅仅是"发生在大学肌理深处的'教学改革和新的教学模式的探讨'"，而是免费、开放等互联网思维与显性基因推动着教育的系统性变革，是大数据和组织流程再造等隐性基因对高等教育组织模式和服务模式的创新。互联网对于社会变革更大的影响来自对传统行业的组织流程再造。以MOOCs为代表的新型在线教育服务模式，已经彰显出突破传统教育体制和传统教育模式的力量，成为国际高等教育改革与发展的重要实践。分析并准确把握MOOCs的创新本质，对于以MOOCs为契机推动教育变革，具有基础性的作用。MOOCs具有不同的实践形式，不同形式的MOOCs创新既有相似之处，也有较大差别。本章将以cMOOCs和xMOOCs为主要代表，分析MOOCs的创新本质，并论述其对高等教育的变革作用和潜力。

一、cMOOCs 的创新

cMOOCs 是基于网络的 MOOCs，是 MOOCs 的最初实践形式。媒体和技术的发展以及信息的极大丰富，改变了人的思维方式、认知方式、教学方式、学习方式及交互方式。网络学习成为目前最主流的远程学习形式。网络学习从在线学习 E-learning 扩展到社会学习（Social-Learning）并进一步扩展到网络化/联通化的学习（Networked/Connected Learning）等多种学习方式并存的形式。网络学习方式的变化最重要的驱动即各种技术和社会化软件所支持的各种交互，尤其是学习者和学习者的交互在信息过滤、筛选聚合与生成等方面的优势逐渐凸显。联通主义的学习不是在个人或者小组环境中发生的，而是发生在广阔的网络情境中。

（一）联通主义学习的知识观与学习观

为了研究联通主义学习，2008 年 9 月，乔治·西蒙斯（George Siemens）和斯蒂芬·唐斯（Stephen Downes）开设了《联结主义与联结知识》在线课程。在 2005 年乔治·西蒙斯就已经提出了联通主义学习理论，并认为其是数字时代的学习理论。从相关研究中我们看到，该学习理论试图从"联结"的角度把学习定位为一种"网络联结和网络创造物"。所谓联结，即某种情景能够唤起某种反应的倾向。而从联结的视角来研究与解释学习发生原理及其规律并不是联通主义学习理论的创新。美国心理学家桑代克于 20 世纪初已经提出了"学习即联结，心即人的联结系统"的观点，开创了从联结视角研究学习的先河。行为主义学习理论、认知主义学习理论、建构主义学习理论及联通主义学习理论都是以联结的视角来研究和解释学习的原理，不同学习理论以多样"联结"视角进行学习研究，并发展了对"联结"的认识，推动了我们对人类学习认知规律的认识。行为主义学习理论于 20 世纪初正式创立，以华生、桑代克、斯金纳、班杜拉等为主要代表。基于对动物习得性行为的研究，行为主义学习理论提出人和动物的行为都是由刺激—反应联结构成的，行为之所以发生变化是由于强化的作用，强化增加了刺激—反应的联结，从而促进学习的发生。桑代克认为，学习的本质是在刺激和反应之间形成联结，此种联结借助于神经连接而实现。学习心理的认知观于 20 世纪中叶正式提出，这使学习理论研究发生了重大转折，表现为由外部联结论范式向内部认知范式的重要转变。认知主义学习理论以皮亚杰、布鲁纳为主要代表，认为学习使新材料或新经验和旧的材料或经验结为一体，这样形成一个内部的知识结构。与行为主义学习理论相比，认知主义学习理论更加关注学习的内在过程，认为学习不是被动地对外部刺激产生反应，而是主动形成认知结构，刺激与反应之间的联结借助于意识而实现。建构主义学习理论是认知主义学习理论的一个重要分支，于20世纪90年代逐渐产生并流行。建构主义认为，在人脑中，知识的结构也不是直线形的层次结构，而是围绕一些关键概念所构成的网络。建构主义在联结的认识上可能没有全新的解释，但其对学习进行了全新的诠释，认为学习是学习者根据已有经验构建对客体的解释，从而建构起对某一事物的各自看法。而行为主义、认知主义则认为世界是由客观实体及其特征以及客观事物之间的关系所构成的，教学的目标在于帮助学习者习得这些事物及其特征，使外部客观事物内化为其内在的认知结构。所不同的只是行为主义学习理论认为学习是通过刺激与反应的简单联结把握客体意义，认知主义学习理论认为学习是通过信息加工把握客体意义。联通主义学习理论认为知识不仅存储在人脑内部成千上万神经细胞之中，也存在于外部世界各种节点的联结之间，学习和知识建立于各种节点之上，学习是一种将不同专业节点或信息源联结起来的过程。联通主义学习理论认为学习的发生有三个阶段，一是学习者与外部节点建立联系，这个阶段可能会有无数次的反复和调整；二是学习者掌握知识的阶段，这个阶段学习者可能是习得知识，也可能是建构知识；三是学习者生成知识或贡献知识的阶段。与行为主义、认知主义和建构主义相比，联通主义的学习由传统意义上的学习知识转向了发现知识、学习知识和贡献知识的全过程。行为主义、认知主义、建构主义和联通主义作为四种主要的学习理论，借由不同的知识观，各自强调和关注学习发生的不同侧面，很难区分这四种学习理论分属于内部认知范式还是外部联结范式，后继学习理论与先前学习理论之间有批判更有发展，难以割断其中的联系。行为主义注重外部刺激和学习者反应之间的联结，但它并没有否认学习的内在过程，只是认为内部过程难以观测。认知主义学习理论恰好是针对行为主义学习理论无视有机体的内部过程进行了一系列的研究和分析，认为刺激与反应之间的联结借助于意识而实现。建构主义进一步发展了认知主义关于认知结构的认识，提出人脑内部的认知结构是一种网状结构，并且学习的过程是人依据自身的知识经验对外部客体做出解释的过程，而不是习得知识；认知主义和建构主义在强调学习内部认知的同时，并没有否认外部刺激和学习者认知结构的联结。联通主义学习理论则更进一步拓展了关于知识和学习的认识，并据此着重强调了学习者与外部知识节点联结的重要意义，至于建立联结后，节点所提供的信息如何进入学习者已有的知识结构，联通主义则没有进一步解释。或许里面有习得知识，也可能是建构知识，这或许可以解释为什么以研究联通主义学习为出发点的MOOCs最终多采取了行为主义学习理论的教学策略。

分析 cMOOCs，从其知识观点来看，虽然其没有明确知识客观存在还是存在于人脑内部，但是从其对知识的解释——交互的过程即知识生长的过程——来看，cMOOCs 坚持的是知识既客观存在又存在于人脑内部的观点；从其学习观来看，cMOOCs 认为学习是一种网络现象。在联通主义学习中，联结的建立和网络的形成都依赖于交互的开展，整个网络就是一个以交互为核心的网络。从其课程观来看，cMOOCs 不预先设计学习的内容与知识的体系，课程内容是在交互的过程中动态生成的，教师和学习者通过在网络中持续不断地交互，生成课程内容。从其学习环境观来看，个人学习环境和个人学习网络的创建，实际上可以看作一个学习者的交互空间的创建过程。正是基于知识观、学习观、课程观及学习环境观的创新，cMOOCs 创新了教育服务模式和教学模式。

（二）cMOOCs 推动了教育服务模式创新

互联网发展历程中的一次重大创新即 Web 2.0 的出现。关于 Web 1.0 与 Web 2.0 的差别对比，杰姆丘恩（Jim Cuene）从网络用户的角度列举了两者之间的差异。

通过对比可以看出，Web 2.0 的交互性更加凸显，社会性也更强。Web 2.0 强调个人并非是孤立的，而是彼此相连以自组织的方式让人、群体、内容和应用等充分"动"起来，带来更多的用户互动并产生服务内容，使网站服务的使用价值与吸引力都大为增加。所以，Web 2.0 开放分享的基因更为明显。随着 Web 2.0 技术的发展，知识的分享与传播，用户之间的协作更为便捷。从知识生产的角度看，Web 2.0 在实现知识呈现网络化的同时，也通过用户的评价、分享将知识有机组织起来，实现知识的深化与创新，从而产生新的内容，用户在网络中的作用越来越大，实现了从浏览信息、单向接受转向了贡献知识与传播内容；从交互性看，Web 2.0 实现了以个人对个人（P2P）为主的交互，加强了用户之间的协作，使得网络环境中的学习者凭借丰富多元的交互工具，能够通过相互协作，共同完成学习任务。正是在 Web 2.0 技术的支撑下，基于用户交互过程所贡献的大量新信息和数据以及社会性交互的广泛性，cMOOCs 创新了教育服务模式。cMOOCs 服务模式的创新体现在其学习者之间相互服务的设计。学习者不仅要积极参与自己的学习，还要主动参与其他学习者的网络联结，并成为其他学习者网络中的节点与信息来源。在这个过程中，联通主义学习者是知识的创造者，通过创造知识与其他人进行联结；学习者要参与其他学习者学习结果的评价，以同伴互评的方式实施教学评价是 MOOCs 的一大教师的改变，体现在两个方面：一方面是严格意义上的教师在教学过程中的地位和作用发生了变化，在基于联通主义的教学中，教师的作用由传统课堂教学中的控制变为影响，即教师不是控制整个课堂，而是影响或塑造一个网络；按照西蒙斯的研究，联通主义学习中教师的作用主要体现在放大关键信息、策划、聚合生成性内容、过滤资源等方面。另一方面是教师的群体在扩大，教师知识权威的意义被解构。联通主义强调联结的过程也是学习，而这个联结并不仅仅指向严格意义上的教师，而是与所有信息源的联结，包括与其他学习者的联结或其他非教师群体的联结。所以，在联通主义学习过程中，教师群体的意义在扩大，传统教师知识的权威被解构了。教学内容的变化体现在其生成性上，cMOOCs课程并不是事先设定的，而是在学习的过程中不断生成和发展的，靠群体贡献智慧生成。cMOOCs将学习设计者、教学者、学习者和学习资源构成一个有机的整体，不仅关注批量知识传授的浅层次学习，更加关注知识迁移和知识创造，使面向批判理解、信息整合、知识建构、迁移运用和问题解决的"深度学习"真正发生。在现代哲学中，生成是一种思维方式。生成是课程的根本存在方式和状态，课程在过程中不断演变、更新。生成性课程不是客观文化知识的载体，它不是固定不变的、完全预订的，它不是终极真理，而是师生共同参与的探究活动中的意义、精神、观念、能力的生成过程。

从教与学的角度看，学习者的变化体现在学习者在学习活动中参与程度和作用的变化。联通主义学习的开展依赖于学习者的积极参与，联通主义学习十分强调学习者学习的自主性。在学习过程中，cMOOCs强调学习者不仅仅是接受知识，还要贡献知识。所以，联通主义学习中，学习者的角色和作用都发生了变化，学习者既是学习者，也是他人学习的服务者与支持者，既要学习知识，也在贡献知识。正是基于教师、学习者、教学内容等教学要素及其关系的变化，cMOOCs的教学结构发生了变化，进而使得cMOOCs尝试采取了一种全新的教学模式。虽然这种全新的教学模式并未清晰可见，但其在教学组织过程中实现了以下几点创新：一是打破了以单一知识传授为主的教学模式，更加重视学习者在学习过程中积极性和主动性的发挥，并且把积极性和主动性提升到影响学习真正发生的高度来认识，更加重视教与学过程中的知识生产与创造；二是把交互作为学习的核心与取得成功的关键，教学交互主体达到了前所未有的多样化，包括促进者、学习者、小组、人际网络等组成的主体，也包括学习内容、学习资源及各种技术媒介所构成的主体；三是充分发挥集体智慧优势支持和促进学生的个性化学习，以充分交互使一对多的教学转变为多对多的学习，对任何一个学习者来说，都可以从建立的联通网络中的任一节点得到支持。

二、xMOOCs 的创新

xMOOCs 是基于内容的 MOOCs，也是目前在国际和国内十分流行并被大家所熟悉的 MOOCs，目前国内所开发设计的 MOOCs 都是 xMOOCs。2011 年，美国斯坦福大学的教授基于 cMOOCs 的部分思想，借鉴了可汗学院的教学模式，沿用传统面授教育课程的教学组织形式，以易于复制的课程框架，以学生自主构建学习共同体实施在线课程学习的模式，创办了在线教育商业化公司 Udacity 和 Coursera 等，这也拉开了目前大家所熟悉的 xMOOCs 快速发展的序幕。xMOOCs 在世界范围内迅速发展并引起各方高度关注，世界知名大学纷纷加入这一浪潮的原因，有许多种解释。

首先，这一类 MOOCs 吸引了世界大量知名高校的加盟，这些知名高校的品牌效应吸引了大量的学习者和关注者。以 edX 平台为例，作为由麻省理工学院和哈佛大学共同投资建设的非营利性平台，这两所世界名校的效应吸引了包括加州大学伯克利分校、韦尔斯利学院、乔治城大学及我国的清华大学等世界知名高校的加入。其次，名校大量加入所形成的集聚效应吸引大量商业资本注入到 MOOCs 平台和课程的开发建设中，同在线教育发展初期的营利模式不同，MOOCs 的主要营利点不再是产品服务，而是通过增值服务、课程学习成果认证和广告代理等营利。如 Coursera 就提出了 8 种可能的商业模式。最后，MOOCs 基于互联网免费、开放的基因，以课程免费的方式吸引了世界各国的学习者注册学习，这种课程免费、服务收费模式的创新也是其能够快速发展的原因之一。除了名校集聚效应和大量商业资本的投入这种表面的吸引力之外，我们认为 MOOCs 内在的某些属性，或者其在教育教学上的创新是其能够快速发的根本原因。

（一）xMOOCs 推动了教育组织模式的创新

约翰·丹尼尔曾断言，古老的高等教育模式不是为当今技术丰富的时代寻求更高层次学习的多样化的学生群体而设计的。现代信息技术的快速发展深刻改变着人类社会，同样也在改变着高等教育的形态、结构和运行方式。xMOOCs 推动的教育组织模式创新体现在以下三个方面：第一，高等教育系统多样化的发展策略和历史进化趋势产生的根本原因在于，随着高等知识和高深文化的社会价值不断上升，社会中日益繁多的利益主体对高等教育提出了价值期待和消费需求；与此同时，由于高等教育可利用资源的有限性，它难以完全承诺、迎合、满足多种利益主体的多元价值期待，并因此而造成多元利益主体（及其价值期待）彼此之间的冲突。对高等教育多样化的本质内涵，人们长期以来更多从高等教育系统纵向层次的多样化、横向形式的多样化及教育教学内容的多样化这三个维度来理解，其实高等教育办学服务主体多样化，同样也是高等教育多样化的内涵之一。在MOOCs平台的建设中，高校与专业技术公司、资本投资公司的合作使得大量非传统的教育机构或非教育机构进入了高等教育领域，教育生态体系中的办学服务主体要素发生了巨大变化。Coursera就逐步建成了以Coursera平台为枢纽，由风险投资人、课程提供者及服务提供商为核心成员的协同创新联合体。第二，面对来自世界各地学习者的多样化学习需求，单一教育机构的教育承载能力和服务能力已经难以满足，迫切需要整合各方资源以应对大量的学习者。xMOOCs集聚了世界范围内知名高校的优质课程，使得以往以单一教育机构提供教育服务的组织模式转变为众多教育机构通过协议、联盟等形式共同提供教育服务的模式。xMOOCs向所有学习者免费开放学习，任何学习者注册课程后完成各项学习任务并通过考核后即可获得学分或课程证书，所获得的学分能够被其他教育机构所认可。以相关制度为支撑，变某一学校的课程、某一学校的学生和某一学校的教师以及某一学校的学分为共同的课程、共同的学生、共同的教师和公认的学分，如我国上海课程共享中心的课程，学习者注册学习后都能够被其他机构认可。这不仅仅是资源开放共享与学分互认的简单操作，而是基于教育组织模式变革的教育生态体系重构。第三，信息技术改变了"纸媒介"环境下全社会的信息交换成本，从而大大降低了人类合作中信息搜寻和匹配的"交易成本"，因此，引起了传统行业的组织流程再造……依赖网络系统所提供的"生产要素"供应和"市场需求"信息，企业家可以在世界范围内"组织"生产。正是基于此，xMOOCs教育组织实施突破了地域的限制，开始在更为广阔的空间中进行。如edX平台的宣传卖点之一即"加入超过500万学习者并且仍在不断扩大的全球学习社区"。众多MOOCs平台集中全球知名高校和机构的优质教育资源，面向全球的学习者提供教育服务。允许任何方式登录，只要能上网，世界各地的学生可以任意注册任何一门MOOCs课程，不受地域的限制。例如，Coursera共与28个国家和地区的140个机构进行合作，有来自世界各地的1600多万学习者注册学习。

（二）xMOOCs实现了教育服务模式的创新

xMOOCs教育服务模式的创新与cMOOCs既有相似之处又有差别，除"草根"服务"草根"的同伴互助模式外，教育服务模式的创新还体现在专业化公共服务模式的出现。远程教育以开放理念和现代信息技术为支撑，突破了时空的限制，在学习过程中，教师和学生处于准永久性分离状态。教师与学生时空分离的教与学是远程教育的逻辑起点，这一特性一方面突破了传统教育受时空限制的局限，另一方面却存在着时空分离造成的交互弱化的风险。为了解决这一矛盾，学习支持服务的重要性就凸显出来。公共支持服务是在现代信息技术条件下，基于现代服务业理念，由专业化的教育服务机构及其所建设、管理和运行的系统，形成连锁化的组织管理与服务体系，以第三方服务的方式，为众多教育主办方/资源提供方（办学机构）和教育需求方（个体学习者或组织）提供的公共的、共性的学习支持服务。高等教育从来都被限制在一个个独立的教育机构中，MOOCs 的发展让高等教育服务由封闭走向开放，MOOCs 的超常规发展和教育组织模式让单一机构的学习支持相形见绌，这让一些提供教育专项服务的机构进入高等教育领域。在 MOOCs 发展初期，就已经出现了专业化分工的现象，如负责提供资源的高校机构，负责平台搭建与运行的专业技术公司，为 MOOCs 发展提供资金支持的风险投资公司与公益基金机构，这些机构间相互合作，在 MOOCs 发展中形成了新型的合作模式，这为专业化公共服务的产生与发展创造了条件。如 Coursera、FutureLearn 等平台已经委托专业的考试公司，利用其全球考试中心提供线下考试服务。公共服务模式在教育领域并不是首次出现，如在我国现代远程教育实践中就建立了公共服务体系，以社会化公共服务的方式为远程教育机构和学习者提供相关服务。

三、MOOCs 变革高等教育的潜力

MOOCs 在短期内于国际范围引起如此大的浪潮和震动绝非偶然，有其特定时代多元文化背景下应对教育发展过程中问题的典型性和特殊性含义。纵观国内外已有的研究和实践发现，以 MOOCs 为代表的在线教育因其深入触及教育问题的根本，并提供了一种潜在的解决方案，第一次掀起了全社会各行业对教育问题尤其是高等教育问题的深入集体反思。MOOCs 所引发的不仅仅是教学模式变革等相关的问题，它还涉及与之相关的经济、管理、体制、文化等方方面面。MOOCs 的深层次影响更多体现在教育组织模式、服务模式的宏观层面，而不仅仅是课程建设、教与学的微观层面。我国陈丽、郭文革等研究者从互联网推动各行各业变革的视角出发，指出它是开放、免费的互联网技术所具有的大数据和流程再造功能与特性对各个行业都产生深刻变革的时代多元文化背景下，教育领域产生变革的必然过程。这场变革已经开始并将打造全新的教育，而 MOOCs 只是这场变革的一个引子。MOOCs 除了传递人们所追求的优质、开放、创新、自主教育理想，也折射出了公众和教育工作者们对教育从封闭走向开放的极大兴趣追求。

以 MOOCs 为代表的在线教育对高等教育乃至整个教育系统的变革的意义重大。它

代表了一种对教育机构（包括远程的和基于校园的）的传统服务方式的解构具有颠覆性潜能的力量，它将重构教育服务产品与业务流程。MOOCs对高等教育市场、高等教育国际化和全球化、普通高等学校传统教育教学模式的创新和改革、学校、学分、学籍管理，甚至对未来各国人力资源的开发和竞争力的提升等方面已产生并必将继续产生的冲击和影响不可小视。它推动的优质资源与学习过程的免费开放和大规模学习，将使传统的学校教育和远程教育的教学方式、学习方式、组织方式和商业模式发生质的变化。MOOCs将促使组织结构重组，进而推动教学管理模式的再造和教育价值的重建。最终MOOCs这种颠覆性技术将在模糊传统教育和网络教育之间界限的同时，推动一个技术高度融合、高质量、灵活、全纳和终身的开放教育时代的到来。

第三章　大学英语混合式教学之翻转课堂

第一节　英语翻转课堂理论基础

一、建构主义理论和人本主义理论

（一）建构主义理论

建构主义强调学习者的主体性和学习过程的交互性，这为重视互动的翻转课堂教学模式的实施提供了强有力的理论支撑。建构主义理论起源于20世纪的认知心理学理论，并在20世纪90年代成为计算机辅助教学和学习的理论基础。

建构主义也译作结构主义，是认知心理学派的一个分支。建构主义既是一种认知理论，更是一种学习哲学。这个理论的发展始于皮亚杰基于儿童发育心理学的思想。根据皮亚杰的思想，概念的理解主要有两个途径：一是从发现中获得；二是在发现中重新建构。哈钦森和维果斯基在学生如何学习方面认为：学生在日常生活中构建知识，即对事物的理解和体验。因此，学习是发生在社会环境中的，而不是单纯的大脑的认知。布鲁纳认为学习是一种活动过程，在活动中，学生学习到新知识，重建以前存在于大脑中的知识。

以上建构主义代表人物的观点说明，知识并不是简单地从教材中学习，而应该从社会情景中学习，才符合学习规律。建构主义重视学习过程中情境和社会文化介入的重要性，个体的学习行为应转向群体和情境学习；人的认识、思维、动机、人格等并非孤立地存在于个体内部的，而是存在于人际互动之中。因此，学习过程中的心理现象并不发生于教师或学生头脑中，而知识作为一种隐形的物质在一个团体内进行分享，知识的学习是产生在不同情境中个体之间的互动。因此，学习从本质上是社会性的。

例如，维果斯基认为，学习是一种社会建构的过程。在人际交往的活动中，个体产生了各种心理活动，尤其是高级的心理机能。个体原有的经验和社会环境互动使学生获得新的知识，并修改原有的知识体系。维果斯基的观点把教和学视为积极、主动的一个过程，知识传递不是填鸭式的教师输入和学生被动接受的过程。学生对外部世界的认识是在与周围环境相互作用的过程中获得的，不断的互动使其不断地构建知识，自身认知结构得到发展。

总结皮亚杰和维果斯基等建构主义理论家的理论，我们可以看到，建构主义的主要理论观点是有关对知识的认识、对学习的认识、对学习方法的认识和对学习评价的认识。下面一一加以说明：

1. 对知识的认识

建构主义者认为，世界是客观存在的，但是人们眼中的世界是不同的，世界是由人赋予它意义的，每个人观察世界的角度不同，看到的是不同的世界，对世界的理解就不同。个人生活的环境给了他一定的经验，基于这个经验他进一步建构现实的世界，形成自己对现实的观点，并解释现实。每个人的已有经验以及价值观不同，因而每个人在解释外部世界时会形成各自不同的观点。因此，即使是对那些教材上所映现的相同知识，每个人的理解也不会完全相同。

2. 对学习的认识

周久桃、谢利民认为，根据对知识本身的认识，建构主义理论认为学习是学生主动构建的过程，学习和发展是社会合作活动。这种活动是无法被教会的。知识是由学习者自己建构的，而不是由他人传递的。也就是说，个体的认知发展与学习过程密切相关，学习者不是被动地接受和储存外界输入的信息，而是在原有认知结构的基础上同化、顺应和建构当前所学的新知识。

3. 对学习方法的认识

建构主义学习理论强调学习情境的重要性，认为学习是与真实的或仿真的情境相联系，是对真实情境的体验。学生在真实的社会文化多元文化背景下相互交往，发生互动，然后主动地建构知识。建构主义教学论的一个重要主张就是社会互动论，它强调人的学习和发展发生在与其他人的交往互动之中。尤其在语言学习中，语言的习得是在说和用中得到训练、提高，因此，更加强调师生、生生间的协作、交流、相互作用。

4. 对学习评价的认识

人在学习知识的过程中会有情感的投入，情感投入的多少与学习到知识的量密切相关。积极的体验能够让学生产生浓厚的兴趣，在学习中投入极大的热情，并从中获得快乐和成就感。这种快乐会转化成学习的动力而反过来促进学习。因此，建构主义理论特别强调教师对学习过程的积极评价。每当学生获得进步，教师要积极地加以鼓励或赞扬，这可以促进学生获得对所学知识的积极体验，进而引导学生更多地投入情感，形成良性循环。

建构主义对教学中应该遵循的原则，也有不少的论述，与语言学导论课堂设计密切相关的有以下几条：

（1）支持学习者所有的学习活动，以解决一项重大任务或问题。

这条原则要求语言学导论的课堂教学不能是一种形式，多样化的课堂活动和多向互动均应该得到重视。

（2）诱发学习者的问题并利用它们来刺激学习活动，或确认某一问题，使学习者迅速地将该问题作为自己的问题而接纳。

这要求语言学导论的教师不能为理论而理论，要利用与学习者相关的情况来激发其学习兴趣，进而进行深入的理论学习。

（3）设计一项真实的任务。

任务型的学习设计也得到建构主义学习理论的支持，这要求教师必须把学习的任务给予学生，重点在学生的学习，而不是教师的教授；要完成任务的使命感使得学生的兴趣增强。

（4）真实的学习环境是认知的需求与环境的需求保持一致的环境。

这给教师的课堂设计提供了指南，因语言学导论是有关语言性质和语言规律、规则的学科，单纯的理论学习会是比较枯燥无味的，因此，教师可以设置真实的生活中的语言运用事例，以引发学生兴趣，去学习理论，进而解决问题。

（5）设计学习环境以支持并挑战学习者的思考。

这项要求是和真实的学习环境息息相关的。只有设置了学习环境，学生的兴趣才会被激发，学生才会产生解决问题的冲动。大学阶段，学生的好胜心比较强，语言学导论课程相对其他课程来讲比较难，如果能够创设合适的学习环境，可以有效驱动学生的上进心，让他们在解决问题中获得成就感。

（6）提供机会并支持对学习的内容和过程进行反思。

此原则强调团队学习的重要性。在团队学习中，大家各抒己见，共同解决问题，群策群力使得反思学习活动成为可能，同时也对学习内容能够提出不同意见。

（二）人本主义理论

此处的人本主义理论主要是指人本主义学习理论，它建立在人本主义心理学的研究基础上。人本主义心理学产生于20世纪50年代末和60年代初的美国。人本主义心理学强调人的自我实现，关心和重视人的尊严和价值，关心每个人潜能的发展。美国人本主义心理学家马斯洛（Maslow）和卡尔·罗杰斯（Carl Rogers）等人对美国20世纪60年代的传统式的"反人性的教育"进行了抨击，促进了人本主义心理学在教育心理学中的运用，使教育界对教育对象进行重新认知。

人本主义的学习理论以人本主义心理学的基本理论为基础，强调学生个体的尊严和价值，强调"无条件积极关注"，认为这是个体成长的基本条件。教育的目标是要实现学生的整体发展，教学过程要促进学生的个性发展，教育是要培养学生学习的积极性与主动性。

罗杰斯认为，每个人都有学习的潜能，并具备自我实现的动机，教师应该想方设法调动学生先天的内驱力，进行有意义学习。传统课堂中的应试教育容易使学生学习一些与自身联系较少的学习材料。选用的教材内容，有些过于抽象，脱离实际生活，学生因此不能积极投入到学习的过程中。

人本主义者以学生为中心，反对传统的向学生进行的灌输式的无意义学习，强调学生所学内容对学生自身的作用。只有学生自主、自发、全身心投入学习，才会产生真正意义上的学习，才能收效卓著。在教学过程中，教师设计教学环节和任务，让学生进行更多的个人体验，使教学内容与个人或现实发生联系，这样才能让学生进行有意义的学习。教师在教学过程中，要以完整的人格、整体性的精神，积极地参与到学生精神的整体建构中，帮助学生个体的发展，而不是冷冰冰地传授教学内容。

人本主义的教育理念促使了世界范围内的教育改革。传统教学基本以知识为本位，重视外在知识的传授和技能的掌握，以教材为纲，学生被动地接受知识，参与课堂活动的机会较少，呈现的往往是一种单向交流的趋势，违背了以学生为中心的原则，不利于知识的获得和能力的培养。

人本主义的学习理论强调：一、学习的动机应是学习时的快乐与兴奋，而不是由学习带来的未来的功效；二、教师的精力不能局限于教学内容，而更应注意学生的心态，即情感与动机的变化；三、教师的角色是"催化剂"与"助产士"，而不是权威的知识发布者。

人本主义和建构主义理论都强调了学生的情感、学生的能动性的发挥以及知识传授过程中的社会文化的重要作用。这些对于理论性很强的语言学导论课程的学习非常重要，对转换教师思想和教学行为都有重大的启示作用。

由于建构主义和人本主义所要求的学习环境得到了当代最新信息技术成果的强有力支持，促使这些理论日益与广大教师的教学实践普遍地结合起来，从而成为国内外学校深化教学改革的指导思想。

二、翻转课堂的兴起、发展及应用

翻转课堂是一种依托信息技术的新型教学模式，以 MOOC 等为重要的辅助手段。它的出现离不开网络和多媒体信息技术的发展，它的发展更是得益于网络和多媒体信息技术的全面迅猛发展，翻转课堂的出现为高校课堂教学改革提供了新途径。

蔡宝来等认为："所谓翻转课堂，就是教师创建视频，学生通过登录互联网在线观看网络视频中教师的讲解，完成任务清单中学习任务，课堂上师生面对面交流、答疑和完成作业的一种教学模式。"

在翻转课堂中，学生在课外观看微视频代替教师的课堂讲解，课堂上完成练习及与教师、同学之间的讨论、协作、交流。翻转课堂的知识接受在课外通过自学完成，知识内化则在课堂上通过协作、互动等活动完成。它彻底颠覆了传统教学过程中的课内传授知识、课外内化知识的教学模式，改变了"传递—接受"式教学方式，为课堂教学注入了新鲜血液。

清华大学信息化技术中心钟晓流等认为：所谓翻转课堂，就是在信息化环境中，课程教师提供以教学视频为主要形式的学习资源，学生在上课前完成对教学视频等学习资源的观看和学习，师生在课堂上一起完成作业答疑、协作探究和互动交流等活动的一种新型的教学模式。也就是说，翻转课堂是信息技术支持下，教师在课前提供教学视频等资料给学生作为学习任务，学生在课堂外进行自主学习，这一步实现基本知识的传递；在课堂上，通过自主探究、合作探究、师生互动等形式，进行知识内化的一种教与学的形式。

翻转课堂最基本的做法是把传统课堂上的教学内容转移到课外学生自学，这样做有以下几方面的好处：一、节省授课的时间；二、满足不同个体的需求；三、翻转课堂给学习者更多的自由选择；四、增加互动时间。

时代发展到今天，社会不再青睐学校工厂生产式的操作型工人，而是需要有创造性的创新型人才。单一的传统教学模式已经难以满足人才培养的要求，翻转课堂作为一种新型教学模式，为高校课堂教学改革提供了一条新路径。

翻转课堂是产生于美国的一种全新的教学模式，我国学界有人提出，翻转课堂的提法源于美国科罗拉多州林地公园高中的两名化学教师乔纳森·伯格曼（Jonathan Bergman）和亚伦·萨姆斯（Aaron Sams），2007年他们尝试翻转课堂。一些学生因为路途遥远而经常迟到，有的因为生病或其他原因而耽误了课程，于是他们拍摄教学视频让学生观看作为补课。他们发现，通过视频来学习和课堂上针对性的讲解能够让所有学生受益，逐渐地这种方式受到了学生的广泛欢迎。翻转课堂的最初尝试是在美国的中小学校进行的。

也有人提出，早在20世纪90年代初，美国一些大学的教师便对这一教学模式进行了探索。1996年在迈阿密大学商学院执教的莫里·拉吉（Maureen J. Lage）和格兰·波兰特（Glenn J. Platt）首次提出了翻转课堂的设想，并将这种设想用于面向大二学生开设的《微观经济学》课程。拉吉（Lage）、格兰·波兰特（Platt）和特雷利亚（Treglia）于2000年在《翻转课堂：创建全纳学习环境的路径》中详细介绍了他们自1996年起如何在迈阿密大学《微观经济学》课程中运用、实施翻转课堂的理念与方法。钟晓流等认为，翻转课堂作为一种概念被明确提出是在2000年Lage、Platt和Treglia在《经济学教育杂志》发表的两篇有关翻转教学的文章中。

2010年前后，美国科罗拉多州森林公园高中的教师乔纳森·伯格曼和亚伦·萨姆斯以及可汗学院的创始人萨尔曼·可汗逐渐成为翻转课堂实践领域的领军人物。现在更多地用术语"flipped classroom"来表述翻转课堂。

美国的许多大学，如哈佛大学等，已有不少关于翻转课堂应用于理工类课程的实证研究。近年来，国内也掀起了对于翻转课堂的研究热潮，无论是在中学还是高校，翻转课堂已成为我国教育教学改革领域的一个热词。

我国教育工作者开始集中关注翻转课堂这种教学模式是在2011年萨尔曼·可汗在美国一家私有非营利机构（technology, entertainment, design，简称TED）上的演讲之后，自此我国开始了翻转课堂理论与实践方面的全面研究。杨九民等以现代教育技术实验课程为例，验证了翻转课堂教学模式的有效性。潘炳超以多媒体课件设计与制作课程为例，采用准实验研究的方法论证了翻转课堂的教学成效，指出翻转课堂模式有利于激发和维持大学生的学习动机、培养大学生自主学习与合作学习的能力。邢磊与董占海（2015）以大学物理课程为例，证明了翻转课堂对提高学习成绩的积极作用。因此，翻转课堂适用于物理、化学、计算机等理工类课程的教学改革，这一点已得到国内外学者的一致认可。

有人认为，虽然翻转课堂适合数学、科学、化学、物理等理工科课程的学习，但对历史、哲学、文学、教育学等人文性质的学科意义不大。不少学者的研究都表明，翻转课堂对提高理工类课程教学效果有积极的促进作用，似乎翻转课堂应用于文科课程教学的研究较为少见。

然而通过从中国知网查阅文献发现，目前国内对于翻转课堂应用于文科类课程教学改革的研究也陆续增多。如蒋立兵、陈佑清以"教师教育国家级精品资源共享课程"有效教学为例，通过对教育学专业的两个教学班进行翻转课堂与传统教学的对比实验，全面分析两种教学模式下的学习氛围、学习动机、学习行为、认知结果、能力发展和学习满意度的差异性，探讨翻转课堂应用于大学文科课程的优势、条件与注意问题。

以"翻转教学＋英语专业"为主题词检索到223篇文献，涉及翻译、写作、语法、口语、文学课、阅读课等各类英语专业课程，此类文献集中出现在2015—2018年，尤以2016、2017年居多。研究的侧重点有翻转课堂模式下学生学习自主性培养、焦虑情绪对比、翻转课堂教学模式等。可见近几年对于翻转课堂适用于英语专业课程教学的研究也越来越多。

到目前为止，国内已经出现了一些有关文科课程翻转课堂教学模式的实验研究，但是仍有很大的研究空间。已经有学者开始尝试将翻转课堂教学模式与语言学导论这门课程结合起来进行研究，从CNKI上检索含有"翻转课堂＋语言学"为主题词搜索到的文献有数十条，并且通过大型平台建立课程体系，语言学翻转课堂实验目前仍是空白。因此本课题的研究将是一种有益的探索，具有重要的理论和实践价值。

三、基于网络教学平台的教学优势分析

就翻转课堂教学模式的组织来讲，可以通过邮箱、QQ群、微信群等通信工具，直接把教学视频发送给学生，让学生在家或在宿舍观看学习。但更多的翻转课堂却使用了基于网络教学平台来实施，我们首先应该认识到使用网络教学平台翻转课堂的优势。

现代化信息技术借助于网络技术的发展，迎来了大数据时代，给不同行业的发展带来了巨大的冲击力，促使各行各业为了适应新时代的发展需求而不断创新，积极推

动本行业的大力发展。在信息时代科技的影响下，大学课堂教学面临的不仅仅是机会，同时还要接受其带来的挑战。

信息时代的来临带来的是开放性的数据、数据资源共享，可以很容易找到公共资源。这些公共数据不仅包括文字信息，同时包括大量的音频和视频信息。近年来，基于网络的资料让英语教学中的材料变得更为丰富，英语专业的教学可以将由网络媒体获取的资料应用到外语课堂教学中，辅助课堂外语教学。这些资料大都内容丰富、生动，在外语教学中的运用可以构建具体的语境，使学生在新鲜材料的帮助下以新的方式学习外语。

这种新型的习得模式与传统教学相比，除了能够让学生习得语法外，还能够为学生构建起真实、具体的语言环境，打破传统语法的禁锢，借助丰富的语言信息资源为学生提供生动的例子。比如语法的学习，在现代信息技术手段的助力下，营造与语法信息相对应的情境。外语的运用由于有了具体、真实、丰富的语言相关的信息材料，变得新颖起来，外语学习与语言习得真正联系起来了。

基于网络的人机交互、即时反馈是网络教学平台的显著特点，是其他单一的媒体或通信工具所缺乏的。网络多媒体计算机把电视机所具有的视听合一功能与计算机的交互功能结合在一起，产生出一种新的图文并茂的、丰富多彩的人机交互方式，而且可以立即反馈。这样一种交互方式对于教学过程具有重要意义，它能够有效地激发学生的学习兴趣，使学生产生强烈的学习欲望，从而形成学习动机。交互性是多媒体计算机所独有的。现在，多数计算机都已经联网，正是因为这个特点使得多媒体计算机不仅是教学的手段方法，而且成为改变传统教学模式乃至教学思想的一个重要因素。

在传统的教学过程中教师起着决定性的作用。教学内容、教学策略、教学方法、教学步骤甚至学生做的练习都是由教师事先安排好了的，学生只能被动地参与这个过程。在互联网环境下，可以实现个性化学习，学生可基于自己的学习水平选择自己的学习内容，也可以选择适合自己水平等级的习题。学习的方式由单向转为交互式，例如通过平台能实现小组讨论等功能。

在交互式学习环境中，教师不是把一切安排好，而是学生的选择空间增大，学生的内在学习驱动被激发，主动参与学习的可能性增大。根据认知学习理论的观点，人的认识不是外部世界直接给予的，而是外界刺激与人的内部心理过程相互作用产生的结果。因此，学生主动性、积极性被激发，他们才能获得有效的认知。这种主体的主动参与就为学生的主动性、积极性的发挥创造了良好的条件，能真正体现学生的认知主体作用。

因此，语言学导论课堂的改革也可以借助互联网技术，从教学资源、教材选用、学习环境、教学方法、评价体系等方面加以改革，以达到良好的教学效果。

第二节 翻转课堂与传统课堂碰撞

国内外对传统课堂教学模式与翻转课堂教学模式进行了一些对比研究，经分析和总结，两种课堂教学模式在以下方面存在着明显差异：教师角色地位与学生角色地位、课堂教学形式、课堂时间分配、课堂教学内容、教学手段的应用及教学评价。

传统课堂与翻转课堂最主要的区别体现在学生与教师的地位与在学习中所扮演的角色上。从学校产生以来，基本遵循着教师在课堂上讲、学生在教室里听的模式。这种课堂教学模式下，学生成了课堂上的"录音机"，容易扼杀学生对知识主动探究的好奇心，因为教师主宰着知识和课堂，学生不用动太多脑筋，教师会把要学的知识灌输给学生。

然而翻转课堂对学生的意愿很重视，学生成为学习的主体，学生要主动探究知识，与同学老师一起研究学习中的问题。在翻转课堂中，因为学生必须主动参与学习，尽管有些学生是抗拒这种学习模式的，但学生的表现要么保持不变，要么变得更好，而学习业绩很少有变差的，学生积极参与学习的过程就是学习发生的最好时机。教师成为学生思想的引导者、学习的促进者，不再是知识的权威者与拥有者，而是学生学习的合作者。教师在传统模式中学生要独立完成作业的那个时间段出现，在学生需要帮助时及时出现。这种模式不一定让所有的老师都感到很舒适，教师必须有条不紊，并愿意做出改变。

从课堂教学形式方面来看，传统课堂采用课中老师讲解知识、课下学生独立完成作业的教学形式。在这种教学形式里，学生成了课堂上听教师讲课、课下完成作业的"容器"，课堂上师生的互动占很少一部分，因为主要是教师在课堂上讲，赶进度。在翻转课堂里，学生在课前通过各种途径完成知识的学习，对知识有一定的理解，在课堂上针对本节课的主题与自己在课前学习留下的疑问与同学和老师进行探究学习。

在课堂时间分配方面，传统课堂与翻转课堂迥异。在传统课堂里，课堂时间大部分用在教师进行知识讲解上。在翻转课堂里，讲课和家庭作业两个元素被翻转。老师给学生分配视频课程观看，通常这种视频在结束时会有一个测验学生是否掌握学习内容的小测试题或思考题等。下次上课时，教师和学生一起核对视频上的测试题和问题。

课堂上，学生参与动手、互动、协作活动、体验式学习等。也就是说，课堂的大部分时间用于师生、生生的互动式学习。来自美国林地公园高中化学老师乔纳森·伯格曼和亚伦·萨姆斯在《翻转你的课堂：时刻惠及课堂上的每位学生》中做了传统课堂与翻转课堂中在时间分配方面的具体对比，结果如表 3-1 所示：

表 3-1　传统课堂与翻转课堂的学时分配对比

传统课堂		翻转课堂	
教学活动	时间（分钟）	教学活动	时间（分钟）
课前热身活动	5	课前热身活动	5
讲解前晚布置的作业	20	对于教学视频的回答	10
讲解新的内容	30~45	有指导的或独立的实验探究活动	75
有指导的或独立的实验探究活动	20~35		

在课堂教学内容方面，传统课堂教学中教师在课堂上的主要任务是知识的传授。知识的传授和讲解成为一切教学活动的中心，学生接受知识成为学习活动的中心。因此，课堂由教师主宰，学生为应试而学习，把"知识"作为研究的对象，而不是在活动中构建知识。翻转课堂从人发展的角度看待知识，把学生作为知识的真正认知主体，学生不是像仓库一样"存储"知识，而是在课堂上动手或进行协作活动以主动探求知识的意义。翻转课堂让学生成为学习的主人，自主性学习与合作性学习等教学手段在课堂上的广泛应用让学生实现了真正意义上的主动学习。

在传统课堂里，教师是知识的权威代言人，教学内容的呈现成为课堂的主要任务。所有的教学手段都是为了呈现教学内容。当前，虽然信息技术已进入课堂，但是大多数的运用仍然仅仅是为了知识的呈现，并没有发挥其应有的作用。课堂中的教学手段只是课堂教学的点缀，学生的角色并未真正转变。传统课堂中，教师是家教，而不是作为学习活动的主持人。教师站在教室前面讲课，大教室中坐在后排的学生与教师的物理距离太远，好像两个世界。教师布置的作业要在课外完成，一旦遇到困难，就只能等下次课上解决。有时，教师可能觉得大多数学生都会做这些题，而只给出答案，不在课堂上讲解，直接进入下一个话题的讲解，学生的疑问就得不到解决。

教学评价是教学模式的关键因素，不同的教学模式所持的教学理念与评价的方法也不相同。在传统课堂里，由于知识的传授是教师的主要任务，知识的掌握是学生主要的学习活动，相应的教学评价也只是为实现这一目标而服务。传统的教学评价多采用纸质试卷来测验学生学业表现，以纸质测验的结果来评价学生的整体发展。

当今的课堂教学提倡素质教育，教育界也力图改变传统的评价方式，但是在传统教学模式中，教育思想并未改变，在此前提下所做的评价方式的改变也只是"小修小补"，不能带来实质性的改变。传统的纸质测验只能评估学生知识掌握得多少，而无法评估学生学习过程与方法、情感、态度、价值观等方面的发展。翻转课堂并不否认传统的纸质测验，也把它作为教师了解学生知识掌握方面的手段之一。但翻转课堂是基于现代科技的课堂，它从多维度、多种方式对学生的各方面予以综合性的评价，因此，有利于真正实现学生的全面发展。

以上分析可以看出翻转课堂的优势。在此模式中，因为课堂讲授的内容是视频形式，教师可为大量的学生提供学习机会，满足学习进度不同的学生的需求，如果学生一次听不懂，还可以反复观看视频讲座。技术融入课程使得许多教学活动变得高效，比如对学生学习情况的实时监测，及时调整教学计划等。为了对自己的学习负责，学生必须在课前主动观看教学视频，才有可能有效参与课堂活动。

翻转课堂作为新的教学模式，与传统教学模式在很多方面存在不同。下面以表3-2说明这两种教学模式的差异。从表格可以看出，两者的差异是非常巨大的，这就需要教师首先转变思想，然后带动其他各个方面的改革，在原有教学模式上"修修补补"是不会取得显著效果的。

表3-2 传统课堂和翻转课堂的对比

	传统课堂	翻转课堂
教学方法	教师为传授中心，重心在于单向信息输送，学生参与度很少，主要是被动接受知识	在网络平台环境下，师生双向交流，共同参与教学过程，学生主动获取知识
教学内容	在预定的教材框架内操作，不能满足学生不同修改需求	根据学生的兴趣爱、需求，灵活调整教学内容
教学资源	教材及一些相关纸质资源	多媒体资源，网络资源、MOOC资源
教学信息	教师根据课程性质作准备，给学生展示	由学生承受相当部分的分析、处理，展示与交流任务
学习进程	缺乏激情、模式呆板	在互动中构建知识，在参与中引发激情
教师角色	教导者、设计者及控制者	参与者、引导者、管理者、组织者

续表

	传统课堂	翻转课堂
学生角色	单向接受及被动学习者	活动参与者及主动学习者
教学评价	依据期末成绩及平时表现（出勤、课后作业、课堂表现），主要是定量分析方法	测试结果（形式性测试、期末考试）和技师布置任务的参与度、创意贡献等，定性和定量相结合方法
知识状态	知识是静态的，知识的存储往往是暂时的	知识是动态的，随着学习者的全面发展而不断更新

当然，翻转课堂同样存在着挑战和有待解决的问题。比如，在一些地方，访问视频可能会受客观条件的限制，如设备、网络等。视频制作是非常耗时的，教师需要充实自己的知识，或者聘请专门的视频制作人员来帮助，会耗费大量的财力。另外，一些学生还是比较喜欢面对面的讲座，觉得视频讲座的真实感不强，会被其他东西吸引而转移注意力。课堂的组织也是教育工作者必须深入研究的问题，如何组织和准备课堂活动才更有效？这需要理论支撑和实践经验的积累。另外，如何保证学生会观看教学视频，如何激发学生观看视频也是一个关键问题。

第三节 翻转课堂教学实践探索

一、翻转课堂教学模式的概念

在信息技术高速发展的时代里，传统的教学模式往往不能满足社会对人才发展的需求。在信息化环境中，一种新的教学模式应运而生——翻转课堂教学模式。加拿大著名媒体《环球邮报》于2011年11月28日刊登了一篇题为《课堂技术发展简史》的文章，该文章罗列了自公元前2400年至今影响课堂教学实践的重大技术变革，其中2011年的重大技术变革则是"翻转课堂"。其作为一种新兴的教育模式，近几年无论在美国还是在中国，都引起了教育界的广泛讨论与研究。

翻转课堂教学模式（Flipped Classroom Model 或 Inverted Classroom Model）亦称"反转课堂"或"颠倒课堂"。其实质是：学生自己把握学习内容、学习速度，学习才真正发生在他们身上。教师是知识的引导者而不是知识的施予者，学生是主动的学习者而不是知识的收纳器。翻转意味着翻转了教学过程，用技术辅助改变讲授知识的时间，让直接讲授的内容在其他地方而非课堂上呈现。在某些情况下，直接讲授对教师来讲仍然是一种有价值的方式。翻转课堂教学模式只是优化和改变教学内容呈现的方式与地点，帮助学生更好地达成学习目标。

翻转课堂的最早定义是由美国经济学家莫里·拉吉和格兰·波兰特提出的。他们认为，翻转课堂是指在传统教室里发生的事情现在发生在课堂之外。学习技术的使用，尤其是多媒体为学生的学习提供了新的学习途径。英特尔全球教育总监认为："颠倒的教室"是指教育者赋予学生更多的自由，把知识传授的过程放在教室外，让大家选择最适合自己的方式接受新知识；而把知识内化的过程放在教室内，以便同学之间、同学和老师之间有更多的沟通和交流。它是一种个性化的教学环境，在此环境下学生可以得到个性化的教育，学生必须对自己的学习负责，学生的课堂积极性很高；老师不再是讲台上的"圣人"和"独裁者"，而是学生学习真正的指导者；教学内容用视频的形式保存，学生可随时随地根据自己的情况进行复习，因故缺席的学生也能利用它来补课；它是一种混合了直接讲解与建构主义学习理念的教学模式。

相比传统课堂而言，它实现了学生知识传授和知识内化时间和空间的逆转。每种教学模式都有其特定的使用条件，翻转课堂教学模式也如此。它需要借助信息技术手段，完成知识的课前学习；课中需要不同的学习活动帮助学生实现知识的内化。知识的内化在课堂中实现，实现的方式是通过师生、生生之间的协作活动。

根据以上分析，翻转课堂教学模式可以定义为：以信息技术为依托，通过教育技术制作教学视频，使学生在课前完成知识的接受学习，教师为学生提供协作学习和交流的机会，帮助学生实现知识的内化学习，使学生成为学习的真正主人。课题组认为翻转课堂教学模式与传统课堂教学模式的主要区别在于：翻转课堂教学模式借助于教育技术和协作的课堂活动，改变了学生之前的学习环境。

翻转课堂不是在线课程的代名词，不是以视频取代教师，学生不是孤立地学习。翻转教学的特别之处在于，在翻转课堂中技术本身只是一种工具，旨在辅助教师针对不同学生个体需要进行活动和交流安排，这种工具的使用给课堂留出更多的时间，更多地用于小组合作、讨论等，发展学生的团队精神和思辨能力。

学生在课堂上的活动是翻转课堂的主体。翻转课堂相比于传统课堂的不同在于：原本在课堂上传授的知识由微视频代替来进行知识的教学。教师通过微视频、可视化视频、网络教学平台等和学生在线交流，帮助学生完成知识的获取，探索多种的可能性。在翻转课堂教学模式下教师的角色发生极大的转变，真正实现了从内容的传递者变成课堂的组织者，教师不是像管道一样把知识输送给学生，而是通过各种方式辅助学生完成知识的学习。在翻转课堂教学模式下，学生知识的巩固和内化发生在课堂。教师在课堂上组织学生进行活动，将学生与学生、学生与教师联通起来，形成一个相互促进提高、良性循环的生态系统。教师在此阶段通过游戏、实验、小组讨论、论坛等形式多样的活动，帮助学生实现知识的内化，使学生的主体意识、创造性、探究能力及团队精神得到发展。

二、翻转课堂教学模式的设计

（一）翻转课堂教学模式的步骤

美国林地公园高中从初步探索到逐步完善翻转课堂教学模式走过了漫长的道路，它的成功范式被美国中小学乃至世界各地的学校拷贝。越来越多的学校根据本学校的特色创设了有本校特色的翻转课堂教学模式。各个学校实施的翻转课堂教学模式在某些方面有些区别，但是都存在共同的地方。课题组通过对美国林地公园高中实施翻转课堂教学模式的分析，总结出以下实施步骤：

1. 教师课前准备阶段

第一，分析教学目标。一谈到翻转课堂，人们的第一反应就是制作教学视频。但是在制作教学视频之前，我们需要分析教学目标。教学目标就是通过教学活动期望达到的结果。明确教学目标，我们期望学生通过教学视频知道什么、获取什么，这是任何教学首先要明确的关键事情。只有教学前确定清晰的教学目标，我们的教学才有针对性，才能明确我们要采用的具体的教学方法、教学材料，然后确定哪些需要用探究式的教学方式，哪些内容需要直接的讲授，等等。实施翻转课堂教学模式之前的教学目标的分析，不仅有利于我们分析什么内容适合通过视频的方式直接讲授给学生，什么内容适合课堂上通过师生的合作探究获得最佳的教学效果。明确教学目标，可以避免教学中的盲目性和无目的性，或者陷入技术的漩涡而忽视了教学本身。

第二，制作教学视频。在翻转课堂中，知识的传递很大一部分是通过视频来完成的。教学视频可以由教师自己录制，也可使用其他教师制作的教学视频，或者借用网络上各种教学网站、MOOCs网站上的优秀视频资源。在录制教学视频过程中应考虑学生的年龄段、心理特点和学习习惯。一些实施翻转课堂的学校在录制教学视频时并不呈现教师的整个形象，只是呈现双手和一个白板，在白板上教师写下讲授内容的概要。有些学校是教师全出镜讲课，在讲解要点时切换到幻灯片上的文字或图片。也有的是教学幻灯片的录屏，当然还有实景录像、课堂实录等形式。具体选用哪一种形式，教师可分析自己的学生，或通过观察学生的观看效果，慢慢积累经验。录制教学视频必须要选择一个安静的地方，这样制作出来的视频不受周围噪音的干扰，能让学生有较好的体验。

第三，做好视频编辑。在实施翻转课堂的初级阶段，林地公园高中的两位教师在录制完教学视频以后分发给学生，但是后来他们逐渐发现视频后期制作的价值。它可以让教师改正视频制作中的错误，避免重新制作视频，节约了时间也保证了质量和效果。

第四，做好视频发布。发布视频是为了让学生能够观看到教师制作出来的视频。在此阶段教师面临的最大的问题在于，把视频放在什么地方以使学生都能够观看。不同的学校会根据本地区、本学校和本校学生的具体情况来确定视频发布的地方。林地公园高中把制作出来的教学视频发布到一个在线托管站点，比如网络平台等，也会为家里没有网络或者电脑的学生制作教学视频。美国克林戴尔高中为了让学生观看到视频，把校园多媒体中心开放时间延长两个小时，在这里学习的学生可以使用属于自己的账户，登录校园多媒体中心后观看教学视频。总之，学校可以选择一到两种方法满足学生的需要。

2. 学生活动

首先，观看教学视频。教师通过对教学内容的分析，把适合直接讲授的内容用教学视频的形式教给学生。学习进度快的学生可以快速地进行知识的学习。对于学习进度慢的学生来说，他们不用担心像传统课堂上那样跟不上教师节奏的问题，而是可以根据自己的实际学习情况对教师讲授的内容做适时的停顿。在观看教学视频的过程中，学生遇到不懂的地方可以做笔记，把自己不懂的问题带到课堂，这样学生可以完全掌控自己学习的步调。在此过程中，学生需要对所观看的教学视频里讲授的知识做一定程度上的梳理和总结，明确自己的收获和疑惑的地方。

其次，做适量练习。学生观看完教学视频后需要完成教师布置的针对性课堂练习。练习的设计需要考虑三方面：第一，理论基础；第二，练习目的；第三，如何反馈解答。练习的目的总的来讲是为了巩固知识，因此，教师可根据"最近发展区理论"，对练习的数量和难易程度做出衡量，明确让学生做练习的目的是帮助学生利用旧知识完成向新知识的过渡，加深对教学视频中知识的巩固与深化。这些练习一般是教师针对教学视频中所讲的知识，为了加强学生对学习内容的巩固，并发现学生的难点所设置的。反馈的方式可以是多样化的，教师通过网络交流平台，或通过即时交流工具如QQ、微信等也可与学生进行互动，这样，教师可以及时了解学生在观看教学视频和做练习过程中遇到的问题。教师可以通过学生所做的练习的情况，时刻了解学生实际的学习情况。与此同时，学生之间也可以交流心得，进行互动讨论。

3. 课堂及课下的交互活动

传统的课堂教学中教师主宰着课堂，师生之间的交流是建立在师生地位不平等的基础上的。翻转课堂模式下，学生们在观看教学视频的过程中，由于每个人的知识结构、看问题的角度不一样，因此对事物的理解也会不同，这样学生之间会产生一种认知的不平衡。在课中活动的开始阶段的交流中，教师需要针对学生所观看视频的情况，和通过网络交流平台所反映出的问题进行解疑。学生也可以提出自己在观看教学视频中所存在的疑惑点，与教师和同学共同探讨。

在传统的课堂中，教师主导课堂的时间。课堂的大部分时间用来讲授知识，学生课下时间被大量的机械性的作业所填满，学生独立学习和探索的能力越来越被压制。

翻转课堂为学生提供了个性化的学习环境，学生在课堂中独立完成教师所布置的作业。

一方面，在学生独立完成作业的过程中，可以审视自己理解知识的角度，建构知识的结构，完成对知识的进一步学习。教师要在刚开始时给予学生一定的指导，帮助学生完成任务。当学生有一定的独立解决问题的能力的时候，教师要"放手"，逐渐让学生在独立学习中构建自己的知识体系。

另一方面，学生还需要与他人合作交流，深度内化知识。人是社会中的人，交往是人与人之间直接的相互作用的过程。哈贝马斯把交往行为定义为一种主体之间通过符号相互协调的相互作用，它以语言为媒介，通过对话，达到人与人之间的相互理解和一致。交往学习是学生在与他人的对话、交流、讨论等学习活动中所开展的学习过程，学生在此过程中实现自身的发展。

在翻转课堂里，经常化的课堂形态为：学生分成小组，学生们依据独立探索阶段的所学，与同伴交流自己对知识的理解。教师不是站在讲台上，俯视着课堂里所发生的一切，而是走下讲台，走进学生的探讨中，真正地融入学生的小组合作活动中。当学生在讨论中遇到问题时，教师可以给予及时的帮助，引导学生搞清对某些知识点的认知。在此过程中学生的批判性思维、课堂参与能力和对待学习的态度发生了很大的改变，真正处于学习的主体地位。当学习本身成为学生自身需要的时候，学生就会成为真正的学习的主人，变"要我学"为"我要学"。教师也从说教、传授的角色转变为学生学习的引导者和促进者。

在翻转课堂教学模式下，学生与学生之间、学生与老师之间的合作学习成为真正意义上的合作学习。

在经过独立探索和合作交流后，学生进行成果展示，分享交流。学生可以通过报告会、展示会、辩论赛或者小型比赛等形式交流学习心得、体会。在成果展示过程中，学生或小组可以通过教师与学生的点评对知识获得更深的了解。同时可以通过观看其他学生或小组的展示，学习他人的优点，明白自己的优势与不足。在此过程中学生不断领略学习给他们带来的乐趣，更以一种积极乐观的心态面对以后的学习，增强自身的自信心。学生在交流中彼此的智慧火花得以展现。教师在分享交流环节可以通过学生或者小组的汇报，了解学生知识的掌握水平，有针对性地进行后期的"补救"工作。在学生展示的环节，教师所要做的是为学生创设一个民主、平等、和谐、自由的课堂环境，要注意适时调控学生学习的进程和发展方向。

翻转课堂教学的成败并不在于视频的制作，而主要在于课堂学习活动的设计。如何改变传统的教师主宰课堂的局面，让学生真正成为自己学习的主人，是翻转课堂教学模式给我们的课堂教学指出的关键问题。

（二）翻转课堂教学模式的教学策略

一个教学模式要达到预期的教学效果，必须靠一定的教学策略。所谓教学策略，是在教学目标确定以后，根据一定的教学任务和学生的特征，有针对性地选择与组合相关的教学内容、教学组织形式、教学方法和技术，形成特定的教学方案。教学策略具有综合性、可操作性和灵活性等特征。因此教学策略具有动态的构成维度和静态的内容构成维度。教学策略的内容构成在一定程度上反映出其动态的维度。

教学策略的内容构成包括三个层次：

第一，教育理念和价值观倾向；

第二，一般性规则；

第三，具体的教学手段和方法。

教学策略的来源有两方面：理论和实践。理论方面，是基于某些教育学、心理学或哲学等学科，这些学科的一般原则可以指导具体的教学策略，例如人本主义心理学要以人为中心,则教学策略相应的就要以学生为中心组织教学;实践方面,因教师在一线教学,从事实中总结出来的经验可以归纳为抽象的策略,指导教学决定。

一般性规则指的是较宽泛的教学原则,比如问题驱动、以学生为中心等。而具体的教学手段和方法是具体到教学流程中的教学步骤,比如提问法、视频法、小组讨论法等。

翻转课堂教学模式的精髓是让学生对自己的学习负责,充分尊重学生的主体性地位,让学生成为自己学习的主人,改变传统课堂满堂灌的局面,变课堂为学生个性化的学习环境。其策略是:为学生创设个性化的学习环境,培养学生学习的主人翁意识和创新能力,通过制作教学视频和利用一切有用的教学资源,让学生在课前完成知识的掌握和课堂中一系列的学习活动,让学生在自主学习、独立探索、合作探究中实现知识的内化,探求知识的意义。

翻转课堂教学模式的教学策略可以分为三个层面:学生学的策略、教师教的策略和师生相辅的策略。

学生学的策略。学生学的策略是学习者在学习活动中,进行有效学习的规则、方法、技巧与调控。它既包括内隐的规则系统也包括外显的程序与步骤。

在翻转课堂教学模式中,学生在课前需要完成知识的掌握,课中则以独立探究、自主学习为基础,与同伴的合作学习为纽带,实现所有学生的独立性、创造性和合作性综合素质的全面发展。

学生课前观看教学视频的策略。学生观看教学视频的过程本身是一种对自己学习调控的过程。教学视频的时间一般在十分钟之内,我们习惯称之为"微视频"。如何在这短短的十分钟的视频中完成理论知识的学习?

首先,需要的是自制力和控制力。观看视频的环境要较为安静,这样才能免受外界的打扰,全身心学习教学视频。然后,通过做测试题,检查自己是否掌握或熟悉内容,必要时要"倒带"反复观看。基础差的学生,可能有畏难情绪,急于把视频看完了事,这种态度是对自己的学习不负责的表现。学生应该清楚自己的学业水平,一开始就对自己严格要求,夯实自己的基础。最后,要做笔记,随时记下难点或者自己的兴趣点,及时与教师沟通,或主动查阅更多资料以解决问题。

教师教的策略。翻转课堂教学模式最重要的不在于教学视频的制作,而在于教师在课堂中对教学活动的组织。翻转课堂与传统课堂最大的不同在于:通过不同的教学活动让学生完成知识的建构。传统课堂教师的教学策略只关注怎么把知识传授给学生,而较少考虑学生的具体情况。

翻转课堂教学模式的成功实施很大程度上来源于教师对教学活动的组织。由于在翻转课堂中知识的传授被放在课外，课内教师有更多的时间来设计活动。教师可以针对自己本身所教授的科目、教学风格采用不同的课堂教学策略。譬如，语言学导论的教学中，教师不必一味讲解语言学理论知识，而是介绍与理论相关的使用、实践及现实意义等，然后提供丰富的课外材料，让学生就某个主题进行调查、研究。课堂真正被用来组织学生的活动，让学生有更多机会主动思考。

教师除了要组织不同的教学活动，还要具备一定的课堂引导力。在上课伊始，教师可以采用提问策略检查学生观看教学视频的情况。所提的问题必须是教师基于对本学科的设计精心挑选的，教师在此环节要适时引导，同时营造一种宽松愉悦的氛围，鼓励学生说出自己的想法，或者表达出自己对教学视频的疑问。

通常，教师会让学生做某种形式的阅读作业或观看视频，以准备在课堂上的翻转。为了帮助学生识别最重要的概念或信息，并促使他们深入阅读，视频至少包含以下内容之一：

第一，导入性问题；

第二，反思性问题；

第三，注释；

第四，文本或图表的关键点的突出显示。

视频的制作策略也是和教学成败紧密相关的，视频应捕获音频、旁白以及计算机屏幕图像记录。视频通常用于引入新的复杂概念，审查基本概念，或显示视觉上复杂的活动（如实验室演示或技术过程）或远程位置（如现场环境）。研究表明，学生的注意力在演讲的前10～15分钟下降。翻转课堂是以学生为主体的课堂，教师是真正的引导者，能否让学生顺着自己"导"的方向是实现教学目标的关键。引导性问题、反思性问题或短片之间的测验可以帮助学生更有效地学习这些材料。

师生相辅的策略。翻转课堂教学模式对学生的自主性意识、合作意识和探究意识提出了更高的要求。同时，学生与教师的互动也是非常重要的环节。翻转课堂教学模式以学生的自主学习为基础，以合作交流为纽带，以探究性学习为主要学习方式。翻转课堂教学模式关注学生主体性意识的培养，学生的自主性学习成为学习的关键。同时，翻转课堂教学模式的实施要靠教师、学生之间的合作交流和群体活动实现。

翻转课堂教学模式强调学生的自主性学习，学生独立完成任务的环节需要学生独立思考，但学习中遇到不懂的问题是难免的。在这种情况下，学生可通过网络平台或QQ等即时通信工具请教老师，有些网络教学平台本身有互动的平台，学生也可以在平台上向老师求助。翻转课堂教学模式为学生提供了一种比较理想的个性化学习环境，但是翻转课堂教学模式以学生的自主性学习为基础并不意味着可以对学生不监管，并非排除教师的指导。教师虽然可以共享其他教师录制的优秀教学资源，但是教师对自己学生的具体学习情况应该有清楚的了解，可以针对学生的情况决定录制或调整内容，讲解的广度、深度、详细程度等。

另一方面，学生更愿意观看自己老师录制的教学资源。在课堂教学环节，教师对学生的引导、在学生遇到问题时给予的帮助和指导对于翻转课堂教学模式的实施都尤为关键。在教学评价环节，教师需要了解学生的知识掌握情况，并给予及时的反馈，让学生明了自己的学习情况。

学生的单独学习过程需要教师的引导，学生的合作学习和探究学习也都离不开教师的引导。在小组合作学习活动中，教师要为学生创造一个团体的氛围，让他们彼此相互依赖，重视集体荣誉，愿意为小组付出。教师也要制定合理的评分体系，使学生看到贡献的大小是可以衡量的，因此，评价体系很重要。同时在交流时，需要教师创造环境让学生们彼此交流思想与观点。因此，这些合作活动的开展都是建立在学生、教师发挥主导作用的基础之上的。教师应在学生小组活动环节走入学生群体中，了解学生的学习需要，倾听学生的讨论进程，而不是做一个旁观者。在学生小组合作遇到瓶颈，教师给予及时的帮助和指导，给予学生思维的调控，让学生冲出思维的限制，达到更高的理解水平。如果有个别性的问题时，教师可以给予单独辅导。当学生普遍都存在难以理解的问题时，教师需要对全体学生给予详细的讲解。

（三）翻转课堂教学模式的质量评价

教学评价是依据一定的教学目标对教学效果做出价值判断的过程。根据教学评价反馈的信息，教师可以调控教学活动，学生可以激励自己学习。

翻转课堂教学模式最大的优势在于：所有学生拥有平等的学习机会，可以得到教师个性化的指导与帮助。教师的目光不是停留在少数学业优秀的学生身上，而是可以更多地照顾到学习方面有问题的学生。学生达到既定的水平就可以达到学业等级的要求，剩下的是基于自身的实际情况进行学习。这在一定程度上保证了所有学生都在各自的水平上有所发展，增强学生的学习兴趣和自信心。对于接受程度较慢的学生来说，可以拥有多次机会来获得这个结果，这在一定程度上保证了学生机会的平等性。

对于翻转课堂教学模式，最大的挑战在于建立合理的评价体系。这种评价体系在客观上要以对学生和教师都有意义为标准。翻转课堂教学模式的评价体系的指导思想是，保证所有学生都在自身水平基础上有所发展。

在当前集体教学模式下，辅之以个别化指导，从而保证大多数学生能够达到课程目标所规定的掌握标准。翻转课堂教学模式下的评价体系采用现代技术为学生提供有价值的反馈信息，帮助教师优化翻转课堂教学模式，使这种模式的实施越来越有效。

作为一种新的教学模式，教学评价显示出独特的作用。它可以促进学生对知识的掌握。传统的评价是为了给学生划分等级，容易忽视学生的个人发展。翻转课堂教学模式的评价建立在帮助学生实现个人发展的基础上。因此，翻转课堂教学模式的评价应该可以保证学生知识的掌握度。翻转课堂教学模式的教学评价旨在帮助学生明确自己的实际知识水平，是基于学生的发展，测试学生实际掌握知识的程度。当学生没有达到要求时，可以拥有多次机会最终达到掌握要求。

翻转课堂教学模式的评价体系要解决的关键问题是如何知道学生已掌握课程内容。在传统课堂教学中，教师课堂讲授知识，课下学生完成作业。学生对知识掌握的程度可以反映在完成作业的情况上。教师对学生的作业予以批改，但教师并没有条件对每个学生的作业情况予以指导，课堂上也没有过多时间用来讲解学生作业中存在的问题。教师所做到的少量的个别辅导并不能关注到所有学生，尤其是害羞的学生，因为他们可能不会主动提问，学生疑难点没有得到及时的澄清，所以，可能会影响下个知识点的学习与理解。再者对于学生是否真正掌握知识，掌握到什么程度，教师未必明了。

美国林地公园高中通过多年的实践总结出了行之有效的评价体系。它是乔纳森·伯格曼和亚伦·萨姆斯两位化学教师在长期实践的基础上进行的总结。它很好地融合了形成性评价、总结性评价和美国学校采用的基于标准的分类系统评价的作用。

利用形成性评价测试学生对知识的理解程度。形成性评价是教学活动中根据把握到的中间成果来修订教学计划，进行必要的补充和指导，或者根据每个学生的实际情况来安排要学习的内容的评价活动。就这一点来说，它在观念上和在教学活动结束时从整体上对教学成果进行综合检讨的总评价是有明显区别的。形成性评价是为了及时掌握学生的学习成绩、学习态度、情感等情况，以此激励学生的学习，帮助学生监控自己的学习过程。在翻转课堂教学模式下，形成性评价的主体在学生。教师告知学生本阶段的学习目标，并给学生提供完成学习目标必备的学习资源。但是学生被要求给教师提供自己已经学习过这些学习资源的证据。若不能提供证据证明自己正在向学习目标行进，教师必须快速了解学生的知识理解水平并当场根据学生的具体情况制订补救计划，让他们学习自己未掌握的内容。教师可以根据学生具体的情况提供不同的补救性措施。例如，让学生重新观看教学视频以便再次了解本节课要掌握的内容，或者给学生教材资源让学生查阅相关资料等。

真正有效的教学不仅仅看学生是否已经达到学习目标，而是看学生在某个阶段处于哪个水平。具有教学经验的教师能通过与学生的交流判断他们是否理解教学目标。教师的任务就是提供教学驱动，推动学生进行更深入的学习，因此要很好地了解学生实际的知识掌握水平。

乔纳森提出了提问策略在形成性评价阶段的应用。他认为，教师如何提问是建立在个人素养之上的。他和同伴亚伦的建议是：多与学生沟通交流，理解学生，学生是潜在的、发展中的个体；帮助他们学习怎么样高效地学习，发展学生的思维方式。教师了解自己学生对教学目标的理解达到什么程度，学生对知识的理解在什么水平，就能采用不同的教学提问策略。

利用总结性评价测试学生对知识的掌握程度——检测学生的知识内化度。这一点也相当重要，因为它可以使所有学生认识到自己的知识掌握达到了什么水平，然后可以确定他们下一步努力的方向。

在翻转课堂教学模式下，形成性评价在学生对知识内容和学习材料理解上尤为关键，它在学生知识架构的形成中扮演着重要的角色。然而，翻转课堂教学模式同样需要总结性评价，学生可以陈述教师对学习目标的掌握度。在翻转课堂教学模式下，林地公园高中开创了一种独特的总结性评价模式。

美国目前很多学校采用分数制、百分比制、等级制评价学生的学业水平。虽然美国教育界认为这种评价方式并不能完全体现出学生的学业水平，但是仍然要实行这种相对来说比较理想的评价方式。

翻转课堂教学模式中的教学评价是在家长、学生和政府人员满意的评价环境下，学生为了证明自己对知识的掌握水平，在每个总结性评价中必须要达到一定的分数比率。这个比例的制定并不是随意的，而是翻转课堂教学模式的实践者们在实践中根据基本学习目标而创建的。这种方式的测试，掌握关键学习目标的学生将会达到评价要求。这部分的掌握也是课堂中的一部分，但这部分在接下来的持续的成功的学习中，也许不是作为必要的部分来学习的。没有达到或高于比率分数的学生则必须再次接受测试，直到达到掌握水平为止。当学生某一方面存在困难时，教师要给予及时的帮助和提供补救的办法，给予学生达到目标的支持。当然，对于已经达到掌握水平的学生，要想达到更高水平也可以再次测试，这些都基于学生自己的决定。翻转课堂要教会学生对自己的学习负责。

并不是所有的实施翻转课堂教学模式的学校都采用一种总结性评价的模式，具有不同历史和文化背景的学校采用不同的总结性评价的方式。针对翻转课堂教学模式多年的实践，乔纳森·伯格曼和亚伦·萨姆斯概括了在总结性评价环节应该注意的相关问题。总结性阶段最重要的问题就是测试的完整性问题。一些学校的翻转课堂教学模式所进行的总结性评价是在一个无监督的环境中进行的，会出现学生作弊等现象。两位老师的解决办法是：把测试尽量安排在课堂中进行。在教室里设置电脑，每次测试都有进入系统的密码，每次分配给他们的账号和密码都不相同。当学生准备好测试的时候，输入自己的密码便可进入测试系统。两位教师在实施中采用一个开放的课程管理系统（或虚拟学习环境），它已成为深受世界各地教育工作者喜爱的为学生建立动态网站的工具。它实现了对学生所做的测试直接进行评分，把教师从大量的评卷中解放出来。

在学校，学生仍然需要学分以证明完成了此课程的学习，因此教师必须要对学生的学业水平进行分级。如何使翻转课堂教学模式的评价在这种评价体系下实现评价方式的改变？林地公园高中的两位教师明确了一种混合式的评价体系：部分采用基于目标的传统的评分方式。两位教师明确了在成绩进入学生成绩册之前，总结性评价在学生的评分中占的比例，学生在每次总结性评价中必须达到要求，另一部分分数来自学生基于自身的实际情况提升的形成性评价。

最后，需要注意的是：实施翻转课堂教学模式的学校并不是完全抛弃之前的评分系统，而是在原有的评分系统内进行一定程度的变革和创新，使原有的评分系统更好地与翻转课堂教学模式相配合，实现既能考查学生的学习进程，又能考查学生的最终学业水平的目的。

三、翻转课堂教学模式的实施保障

很多研究翻转课堂有效性的教育实验结果证实，高校采用翻转课堂这种教学模式能够取得比传统教学模式更好的教学效果。然而，要取得良好的课堂效果，需要多方面的保障措施。

大概来讲，高校在采用翻转课堂教学模式的过程中，要取得优于传统课堂教学的良好效果，就必须从以下三方面做好保障：

第一，努力提高翻转课堂教学主体的专业素养；

第二，充分发挥翻转课堂学习主体的学习主动性和积极性，培养他们的自主学习能力；

第三，加强翻转课堂教学资源的建设。

（一）提高教学主体专业素养

教师作为翻转课堂的教学主体，其专业素养和教学行为对翻转课堂的教学效果具有十分重要的影响。翻转课堂将教师的教学流程和教学角色进行了翻转：在教学流程上由"先教后学"翻转成了"先学后教"；在教学角色上，教师由讲台上的"权威"变成了学生身边的指导者或辅导者。但教师承担的教书育人的神圣职责没有变，与传统课堂教学相比，翻转课堂对高校教师的专业素养提出了更高的要求。

这种专业素养首先体现在甘于奉献、勇于改革、善于创新的工作态度和敬业精神上。高校教师要高度重视课堂教学，要把课堂作为体现自己生命价值的舞台，对课堂教学改革充满热情，积极投身于以翻转课堂为方向的教学改革中。然而，在我国高校的职称评审中，历来重科研轻教学。很多教师认为科研是硬任务硬指标，而教学则是软指标软任务。因此，有些教师对课堂教学采取一种应付的态度，只要完成学校规定的工作量就行了，对课堂教学改革和翻转课堂这种新的教学模式，采取一种不关注不参与的消极态度。而且，翻转课堂教学模式在搜集教学信息资源、制作视频的过程中，需要教师付出大量的时间和精力；如果教师没有强烈的责任感和敬业精神，是不愿意在这些工作中投入时间和精力的。所以，作为翻转课堂教学主体的教师的奉献精神、敬业精神和责任感是制约翻转课堂教学效果的重要因素。

采用翻转课堂教学模式还需要教师具有扎实的专业知识和良好的信息技术素养。翻转课堂需要教师有过硬的专业知识，不仅要把教材中的知识点吃透，并且能融会贯通，还要了解本学科本专业的前沿知识和进展状况，并科学地分解教材和学科前沿的各个知识点，然后进行精心设计，制作视频。

实施翻转课堂还需要教师掌握相关的信息技术，特别是要掌握通过录屏软件制作视频的技术。可是目前高校还有一些教师缺乏现代信息技术素养，甚至连简单的课件制作都不太熟悉。这些教师如果不经过专门的培训，根本不可能在教学活动中采用翻转课堂教学模式。信息技术素养是欧盟提出的21世纪人才必须具备的一项重要素养，高校要重视教师信息技术素养的提升。信息技术素养不仅在实施翻转课堂过程中具有重要作用，同时也是未来人才一项重要的技能。

（二）调动学习主体的学习主动性，培养其自主学习能力

学生作为翻转课堂的学习主体，他们的学习主动性、积极性和自主学习能力是决定翻转课堂教学质量和教学效果的关键因素。

翻转课堂比传统课堂对学生的学习主动性和积极性提出了更高的要求，因为翻转课堂把学习的主动权完全交给了学生。但长期以来，"应试教育"的模式比较普遍，为了在考试中取得高分，学生的主动性、积极性和自主学习能力没有得到很好的培养。在传统课堂中，大学生还像中小学时代那样在课堂上被动地接受教师传授的知识和信息，但在翻转课堂上，教师改变了角色，不再是课堂上的"权威"和"主导者"了，成了课堂中学生学习的指导者或辅导者。

翻转课堂在教学方式上引发的改变，一方面对学生的学习主动性和积极性提出了很高的要求，学生必须在课后主动地搜集各种学习资源，同时还要在课堂上运用自己获得的信息资源与教师和其他学生进行教学互动；另一方面，对学生的自主学习能力提出了更高的要求，在采用翻转课堂的过程中，学生在课外学习的时间和内容要远远多于传统课堂。要在课外学习中取得良好的效果，需要学生具有较高的自主学习能力。

（三）加强教学资源建设

翻转课堂是在现代信息技术与现代教学理念相结合的基础上进行的教学模式改革，翻转课堂较之传统课堂需要更多的教学资源。

这些教学资源主要有两种：

其一是技术资源。这种资源主要指网络技术资源，翻转课堂是建立在网络技术基础上的教学模式。在采用翻转课堂教学模式时，教师可以把精心准备的教学视频、教案等素材放在网络上，为更多的学生服务。学生可以把网络作为学习平台，通过网络来学习视频和课件。这种以网络为平台的学习能够为学生提供大量的自主学习的机会。学生可以随时随地进行有针对性的学习，实现真正意义上的个性化学习。

其二是信息资源。翻转课堂优于传统课堂的一个重要原因是扩大了师生所掌握的教学信息量。传统课堂的弊端之一是教师照本宣科的教学方式，这种模式不受学生欢迎的主要原因是信息量太小。在实施翻转课堂的过程中，师生双方都必须广泛地收集与教学任务相关的各种信息资源。由于教学资源也是影响翻转课堂有效与否的一个重要因素，所以，高校在教育资源的建设过程中，必须采取措施来加强网络技术和教学信息资源的建设，为提高翻转课堂的教学效果提供良好的条件。

第四章　大学英语混合式课堂与自主学习整合

第一节　英语自主学习能力界定

一、自主学习能力

教育家、心理学家、语言工作者对自主学习能力有不同的解释。现代教育理论认为，学习能力是学生在学习活动中形成和发展起来的，是学生运用科学的学习策略独立地获取、加工和利用信息，分析和解决问题的一种个性特征。

大部分研究人员对培养学习者自主学习能力的研究侧重于对学习者学习策略的培训，如英语自主学习的学习策略研究者华维芬认为，学习策略的培训与自主学习能力之间是一种手段和目的的关系。策略培训的目的就是通过培训，使学生充分认识到策略的重要性，提高他们的策略意识，懂得在适当的时候使用适当的策略，帮助他们探索如何更有效地学习，鼓励他们对学习进行自我评估和自我指导，以便最终实现学习自主。

张殿玉通过实验得出以下结论：培养大学生英语自主学习能力的一个重要环节即学习策略的训练。在大学英语的学习过程中，由于学生对大学英语课程本身自然产生的生疏感及信心缺损使得激活和培养大学英语学习策略能力尤为重要，是培养学生自主学习能力的第一步。

还有的研究者侧重于通过创设和谐的课堂氛围来培养学生的自主学习能力，如李晓东认为课堂的环境气氛与每一个受教育者的情绪、思维活动直接相关，并在很大程度上影响学生心智与技能的开发、培养、训练、提高，所以营造良好的课堂环境对实施自主学习起着举足轻重的作用。

对学生自主学习能力的培养，还必须关注学生情感体验，在民主、平等的学习环境中进行学习，使学生没有心理上的压力，这样才能以最大限度发挥他们的学习潜力。

教师作为情感的分享者，可以更深入地了解学生，帮助他们调整学习的目标和学习计划，更高效地完成学习任务。

自主学习能力是可以培养的，这主要是指教师与学生共同努力，营造一种友好的、和谐的、开放的、以相互尊重和相互合作为特征的学习氛围。学习者应该有机会根据他们自己的风格和偏好来学习。

综上所述，自主学习能力是以学习者的个人学习风格为依托，自主把握个人的学习情况并对学习负责的能力。更具体地说，就是学习者能够独立地确定自己的学习目的、学习目标以及学习内容和方法，并确定自己的一套评估体系的能力。但自主学习能力不完全等同于自学能力，仍然需要教师的指导、帮助以及与同伴协作，不过学习者成了教学活动的主角，即强化以人为本，注重个性发展，彰显个人特色，在集体中发挥个人优势，突出个人特长。

二、大学生英语自主学习能力

英语这一学科自身的特点以及英语学习外部条件的不断完善让学生有大量自主学习的机会。英语作为一门学科有一定的特殊性，它包含了知识的传授，但更多的是能力的培养和实践的操练，培养学生英语自主学习能力是大学英语教育的重要职责。国内外研究者从各自对英语自主学习的认识出发，有所侧重地强调培养学生的英语自主学习能力。笔者在总结前人观点的基础上认为，课堂教学条件下大学生英语自主学习能力应该涵盖三方面的内容：第一，学习者是学习的主体，每个学生在英语课堂上都有机会最充分地展示自己的才能。学生的人格受到尊重，学习的热情和积极主动性获得发挥。第二，师生关系和谐，课堂交流活跃。教师的作用具有辅助性；学生是主体，具有自主性。教师信任并尊重学生，理解并支持学生，启发并鼓励学生，营造一种宽松和谐的学习气氛，为英语创设培养主体意识的最佳情境。课堂活动体现交流与合作。第三，学习者能够根据自己及其他方面的要求，明确学习目标、学习计划，并根据客观条件和学习目的不同，依照语言学习规律，掌握一套有效的学习策略，并有意识地对学习策略做适当的调整。

大学生英语自主学习能力的培养应从认知策略的培养和元认知策略的培养两部分入手。通过认知策略的培养，使学生了解并掌握各种学习策略，如听的技巧、交际策略、阅读策略、写作技巧和翻译技巧；通过元认知策略的培养，使学生养成制订学习计划、选择学习方式、安排学习任务、监控学习过程、评估任务完成情况的习惯。

三、大学生英语自主学习能力的意义

在过去的二十年里，我国外语教学研究的重点由教师转移到学生身上，以"学生为中心"的教学理念深受师生和教育改革者的推崇。然而大学生经过十多年的英语学习，仍然不能很好地进行听、说、读、写。造成这一现象的原因有很多，例如缺乏语言习得的环境，课程负担重和应试教育制度的影响，但是最主要的原因是填鸭式的英语教学方法。目前，我国的英语教学虽然比较赞同采用交际法，但是在实施交际法时，教师遇到很多障碍，例如教师传统的教学理念和教学态度，教师缺乏外语教学策略和语言学的知识，学生缺乏参与课堂活动的学习动机，教学课时有限，应试制度等。所以我国外语教学的实际状况还是处在传统的语法翻译阶段，"灌输式"教学和"应试"教学依然普遍存在，虽然部分教师已经意识到学生"学"的重要性，但是在具体的教学过程中如何去培养学生"学"的能力还是做得不够。教育部新制定的《大学英语课程教学要求》中规定"大学英语的教学目标是培养学生英语综合应用能力，特别是听说能力……，同时增强其自主学习能力，提高综合文化素养，以适应我国经济发展和国际交流的需要"。因此，培养学习者自主学习能力成为外语教师的首要任务。

近几年高校扩招，学生人数猛增，教师数量相对不足，因此如何在有限的课堂时间内提高学生运用英语的能力，培养学生的自主学习能力，是摆在英语教师面前的一个迫切任务。

现代教育的目标越来越倾向于人的全面素质的培养，科技的飞速发展，要求人们在完成高校教育后仍需继续学习，更新知识，不断发展自我，才能适应竞争与变化，这种终身教育的要求，决定了大学教学必须以培养学生独立思考能力和自我管理能力为目标。而语言学习和教学作为整个教育过程的一部分，也应致力于这一教育目标。除此以外，学习者在性格、认知风格、学习策略、动机、学习能力方面差异很大，要求教师给予学习者更多的自主，提供必要的支持。自主学习是弥补个体差异的有效途径。20世纪70年代末到80年代初，随着元认知和社会认知研究的兴起，越来越多的研究者认为，造成个体差异的因素既有先天的，也有后天的，先天因素很难干预或改变，我们只能尊重；相比之下，对造成个体差异的后天因素则比较容易实施教育影响。而在诸多后天的因素中，学习的自主性是影响最大的一个。有效地指导学生自主学习的确能够改善那些智力、遗传、家庭环境等不利的学生的学习成绩，缩小他们与其他学生之间的差距。

第二节 现代信息技术推动下自主学习
与混合式教学整合反思

一、激发学生的学习动机

学习动机是直接推动学生进行学习的一种动力，是激励和指引学生进行学习的一种需要。外语学习动机可以分为融入性动机和工具性动机、内在动机和外在动机、间接的远景性动机和直接的近景性动机。

（一）培养学生的内在动机或融入性动机

目前大学生学习英语的动机水平不尽人意，融入性动机较弱，工具性动机较强。学习动机调查结果显示，排在前三位的均属于工具性动机，分别为：想通过英语四、六级（约60%），找工作方便（约54%），英语是必修课（约48%）。可见，大多数学生都具有"证书动机"，他们学英语的目的就是为了应付考试，为了得到某种证书，而很少考虑交际的需要和交际能力的培养。虽然有些学者专家认为，工具性动机和外在动机也对大学英语学习有积极影响。对大学英语自主学习能力起着积极影响的分别是"喜欢学英语"和"打算出国"，而"想通过英语四、六级考试"和"为了找工作方便"并没有对提高大学英语自主学习能力产生明显影响，"英语是必修课"对提高学生大学英语自主学习能力还具有消极影响。这表明，内在动机和融入性动机对提高学生的大学英语自主学习能力的积极作用最大，影响更长久。因此，我们必须培养学生的内在动机或融入性动机。通过调查发现，有32.1%的学生认为自己是因为喜欢英语而学习。这表明，有相当一部分学生具有学好大学英语的内在动机，应该在此基础上，进一步调动其学习大学英语的积极性，保持学习英语的兴趣。

（二）建立明确适当的学习目标

学习目标是学生对学习结果的期待，学习目标可以根据时间划分为长远目标和近期目标。在大学英语自主学习的各个环节，学生都要向自己提出明确而具体的学习目标，同时注意将近期目标与长远目标相结合。例如，《大学英语课程教学要求》根据不同学校、不同学生提出三种不同要求，即"一般要求""较高要求"和"更高要求"。"一般要求"是高等学校非英语专业本科毕业生应达到的基本要求，是每个大学毕业生必须达到的目标。"较高要求"和"更高要求"是为那些学有余力、英语基础较好的大学生设置的。学生可以根据自己的具体情况确定自己应该达到的要求，并以此作为自己的长期学习目标。然后，将其分解细化，确定每个学期、每个星期或每天的计划。

建立学习目标时，还要考虑自己的能力，使学习目标与自己的能力保持一致。目标过高，与本身的能力差距太大，可能使人感到可望不可及，对学习不仅没有激励作用，而且易使人产生无力感、挫折感；目标过低，缺乏挑战性，即使获得了成功，也缺乏足够的成就感。只有在自己能力范围之内，且具有适当难度的目标才具有激发动机的作用。

（三）及时检测学习效果

学习结果的检测具有反馈信息的作用，通过效果检测，学生能够知道自己在学习上取得了多大进步，在多大程度上达到了目标，从而进一步激发学习动机。及时了解学习结果会产生很大的激励作用，及时检测可以强化这种激励。检测的方式很多，可以是书面的，也可以是口头的；可以用考试作为检测手段，也可以用平时的课堂发言、日常交际作为检测手段；可以由学生自己进行，也可以由班级、学校等统一进行。如果检测结果较好，可给予自己一些奖励。

（四）适当参与辩论和竞赛

大学期间，学生适当地参加一些英语竞赛，如全国性的大学生英语口语大赛和全国大学生英语竞赛，还可以参加学校或其他机构举办的各种英语辩论。一般认为，竞赛能够有效地激发学生的学习动机。在竞争过程中，学生力求超过他人的好胜心理得到激发，克服困难和抗挫折能力增强，学习效果因此而得到提高。而且，由于各种竞赛的侧重点不尽相同，便于激发学习大学英语的兴趣，更全面地提高大学英语水平。

二、重新定位教师角色

学习者的自主性很大程度上依赖于教师的自主性，而教师角色变换的意识则是教师自主性的基础。由此可见，树立一个崭新的教师角色观与培养学生的自主学习能力息息相关。传统的教师角色定位严重影响了学生的大学英语学习。在传统英语教学的模式中，教师是"绝对权威"。调查发现，只有29.4%的学生对于"课堂上，教师是权威"这一观点持反对态度。教师需要代替学生确定学习目标、选择学习材料、安排学习时间和学习进度、监控和评价学生。长此以往，学生很容易产生惰性，对老师产生严重的依赖感，缺乏应有的主动性、创造性和独立性。为了适应新时代的要求，教师必须转变角色，成为学生自主学习的倡导者、培训者和信息提供者。

首先，英语教师应当是自主学习的积极倡导者。他们应利用各种机会向学生介绍自主学习的重要性和必要性，帮助学生转变学习观念，使所有学生意识到学习成功的关键在于学习者本人，并在学习中减少对教师的依赖，学会主动承担学习责任，实现向自主学习的转变。

其次，英语教师应当是培训者。由于不少学生缺乏相关的自主学习技巧，因此，对学生实行学习技巧的传授和培训很有必要。可以开办介绍学习方法的讲座，请学生和老师座谈英语学习的方法和体会。老师可在适当时候根据电脑记录了解学生的自主学习情况。另外，老师还应该对学生进行学习策略等的培训，找到恰当的学习动机和适合学生自身特点的学习方法。

最后，教师还要做信息提供者。在自主学习的环境下，从学生的角度出发，教师在学生选择、确定、学习和利用学习资料过程中起着举足轻重的作用。自主学习提倡学生自己选择学习材料，确定学习内容，但这并不等于老师可以对此放任不管。教师能利用自身优势，对学生学习材料的选择起到引导的作用。因为教师具有较高的语言学习认知理论水平，能针对学生的个体差异，如语言水平、学习风格、兴趣动机和智力因素等，从宏观上把握学习资料的难易度和适宜性，避免学生走弯路，减少学习的挫败感，增强学习英语的信心，激发自主学习意识。总之，强调提高大学生英语自主学习能力，并不是说老师可以放弃自己的责任，任由学生随意发展，也不表明英语老师的作用减小了，对老师的要求降低了。相反，要真正全面提高大学生的英语自主学习能力，老师要做的工作比以往更多了。

三、借助多媒体技术营造自主学习的氛围

自 20 世纪 90 年代后期，随着信息技术突飞猛进的发展，我国的多媒体和网络技术日趋成熟，被越来越多地投入到教育、教学活动中，这导致了计算机辅助教学模式由个别化教学模式向多媒体课堂演示教学模式的转变。这也是教育者们为了改变计算机教学的低效率现象所进行的探索。在课堂演示模式下，计算机可同时与教师、学生进行交流，加强了师生之间的联系，既有利于发挥学生的主导作用，又能提高学生的学习效果。多媒体技术使得计算机可表现的信息更加丰富，如声音、动画等都可使用，增强了课件的表现力，同时刺激学生的多种感官参与学习，提高了教学的效率和教学

质量。另外，许多多媒体制作平台也投入使用，增加了课件制作的方法和途径，教师可以很方便地制作课件。教师可以充分利用这些条件，改变教学手段，营造自主学习的氛围。

自主学习环境对学生的学习具有重要影响。调查发现，27.2%的学生认为"英语学习的成效主要取决于英语学习环境"。因此，营造并改善大学英语自主学习环境就成为提高大学生英语自主学习能力的重要措施之一。2006年，教育部选择了180所高等院校作为大学英语教学改革的试点院校，其中一项重要举措就是设立大学英语自主学习中心，利用多媒体和网络信息技术营造自主学习环境。目前多媒体和网络信息技术还有很大的利用空间，而且由于大学英语自主学习中心的数量限制，只有一部分试点班级的学生能够从中受益，自主学习环境还有待于进一步改善。

除了进行硬件建设以外，还要进行相应的软件建设。目前，许多院校采用了多种版本的大学英语教材，这些教材一般都配有网络版或多媒体版软件。在购入教材时，应该同时购买、安装相关软件，便于学生进行自主学习。

另外，学生还应该学会利用互联网等现代化方式进行大学英语自主学习。从调查结果看，学生对通过网络学习英语的认识不够，只有19.3%的学生对"通过互联网学习（英语）"非常感兴趣。教师应该培养学生正确利用网络的观念，拓宽学生学习英语的途径。我们相信，信息技术的教育运用将为自主学习提供无限的可能性。

第五章 大学英语混合式教学路径重塑

第一节 优化教学环境

一、注重目标设计

进入高校后，对于非英语专业的学生来讲，各个专业的需求是不同的，英语课程在课堂上的重要性自然也因学科的区别而不同，而且学生对英语学习的期望和心理的要求也有所不同。在高等学校，开设英语微型课堂的目的主要是为了调动学生的学习需求，从而激发学习兴趣，然后引导学生迈向高水平学习。基于 John M. Keller 教授的 ARCS 模型的研究，教师在设计教的学目标时，还要充分分析其学术的条件，要考虑学生资源现有的英语基础、语言的学习习惯、心理期望、刺激和鼓励机制、评估和自我满足等因素，并反映出学生的学习梯度和程度。对于英语知识的连贯性以及对听力、口语、阅读、写作和翻译的内容的重视，也都是为了满足学生的学习需求。在设计与英语技能有关的"问题"时，应首先考虑整个英语的课程过程中或系统中的问题或知识点的状况。

二、丰富内容设计和情境设计

在英语课堂教学中，教师需要解决特定语言的"问题"，他们必须要考虑学生的多媒体学习心理、浅层学习的习惯等语言的习得和个性化教学要求。在内容的选择方面，对于相关的和有趣的课程要重视，以便学生完成知识的转移和应用。例如，在制作"口译数字"类微课以培养学生的英语知识和技能的过程中，内容的设计上要尽量以基数、序数、小数、分数和百分比的顺序来逐一输入。通过微型课程的帮助，动员并集中和深化学生在浅层学习中获得的知识，以促进深度学习，还可以使用音频、视频、照片、动画和其他方法来深入学习，可以更完整、准确，此类课程内容的选择应更加多样化，并能保持学生的持续注意力。与上述微型课程的模型一样，可以多与学生互动，与日常生活相关的生活状况（例如宿舍生活）或涉及数字的电影和电视的社交状况作为内容，以调动学生的多模式参与感，并完成上下文中的数字学习任务。情境设计应注意：情境设计应与微教室内容紧密相关，教学内容应置于模拟的情境中，从而充分调动学习兴趣；情境设计应反映学生的心理特征，并与学生的心理发展保持一致性；在选择情境时，应启发并有利于学生的投机行为；选择应该按照"问题发现、提供策略、解决问题、避免问题"的程序和思想来完成，以便学生可以将浅层学习中获得的知识用于解决问题，通过理解和推测来获得高级的知识并达到深度的学习的目标。

第二节　实施分级教学

分级教学又称为"差异教学"或者"分层教学"，是当前大学英语教学的主要方法和趋势之一。分级教学法的理论基础是因材施教理论和美国南加州大学语言学教授克拉申提出的语言监察理论（i+1理论），这两大理论都是以学生为中心的。对分级教学法有科学的了解和把握，有助于优化师资力量、提高教学水平、调动学生的积极性和主动性。下面就对分级教学法进行重点分析和探讨。

分级教学的实施标志着我国大学英语教学从传统的教学模式向现代教学模式转变，充分体现了以学生为中心的教学理念。在具体的实施过程中，大学英语分级教学模式应注意科学合理地分级、提高分级区分度、尽量避免负面影响、贯彻好升降调整机制及制定科学的评价标准。

分级教学的实施标志着我国大学英语教学从传统的教学模式向现代教学模式转变，充分体现了以学生为中心的教学理念。在具体的实施过程中，大学英语分级教学模式应注意科学合理地分级、提高分级区分度、尽量避免负面影响、贯彻好升降调整机制及制定科学的评价标准。"

一、科学合理地分级

科学合理地分级对于分级教学来讲十分重要，因为它是分级教学最终能够达到良好的教学效果的关键和前提。为了实现分级的科学性，在实施分级时要遵循以下两点原则：一是统一考核分级与个人意愿相结合；二是考试结果与实际水平相结合。为做到统一考核分级的科学性，需要注意分级试题和标准的科学性。通常，分级试题要根据《大学英语课程教学要求》规定的各级词汇量，有层次、有计划地准备多套成熟的分级试题。分级编班一般在学生入校时就需要做好，在具体的实施过程中应注意以下两点：首先，要以系为单位，以高考成绩为基础，结合分级考试成绩为学生安排班级。其次，要仔细了解学生对分班的学习需求和个人意愿，以充分尊重学生的意愿，激发学生的学习积极性。

二、提高分级区分度

一般情况下，分级分数线是根据考试成绩来设定的，如高考成绩或摸底成绩，但是这样很难准确地测试出学生的实际英语水平。这是因为，学生对摸底考试的重视程度不同，所以导致的最终结果也存在明显的差异，甚至很多学生由于几分之差而落选高级班，这对于这些学生来说是不公平的，也就失去了分级教学的价值。为了使分级具有较高的区分度，可以让广大学生参与到分级中来，使学生从单向选择转向多向选择。具体做法是：刚开始以考试成绩作为参考进行摸底，但同时要公布不同级别学生的不同点以及这些学生在听、说、读、写、译各层面上的最终目标和学习要求，由学生根据自己的学习情况来自动申请级别，最终再由学校进行考核。这种分级方式不仅可以调动学生的积极性，还可以增强学生的自觉意识。

三、尽量避免负面影响

分级教学法是当前大学英语教学法的新事物，在管理方面、组织方面存在不可避免的缺陷，如对学生的考勤情况难以操控、操作过程过于复杂、很难培养学生的归属感等。这些问题在一定程度上对分级教学法的实施产生了影响。但是，要想建立一套完整的教学法机制，首先就需要对这些问题予以正视，并努力制订完善的制度规范，从而避免这一教学法产生的负面影响，使分级教学法发挥最大的作用。

四、贯彻好升降调整机制

所谓升降调整机制，是指按照考试成绩和学生自愿的原则，在一定范围内对学生的级别不断调整，使学生的级别能够随着学生成绩、对英语的学习兴趣等的变化而变化。简单来说，对于进步的学生安排升级，调动学生学习的积极性，也能为其他学生树立榜样；对于退步的学生安排降档，从而对其进行刺激，使这些学生不断努力来赶超前面的学生。

第三节 线上线下混合式"金课"建设路径

线上线下混合式教学，是一种以学生为中心的新型教学模式，它通过互联网技术和现代化教学工具来引领学习，能够将传统的"面授教学"与信息化的"在线教学"进行有机整合。在"互联网 +"和"大数据"的多元文化背景下，混合式教学真正顺应了时代发展的要求，而混合式"金课"的建设必将成为混合式教学开展的强有力支撑。

一、混合式"金课"的建设背景

PHP 程序设计是计算机信息管理专业的一门专业必修课，旨在培养学生的动态网站设计与开发能力。课程综合性和实践性较强，前导课程包含 C 语言程序设计、网页设计与制作、数据库技术等。课程不仅需要学生熟练掌握基础理论知识，而且要求能够根据企业实际状况，分析判断并解决问题，而在传统教学过程中，因多方因素的制约，教学效果不甚理想。

传统的课堂教学过程，以"教师讲，学生听"为主，学生缺乏学习动力和学习兴趣，师生之间交流互动较少，多数学生处于被动学习状态。因为时间和空间的限制，如果学生课堂内无法解决所有问题，课堂外将难以与老师进一步沟通交流。长此以往，学生对于学习本身的积极主动性会越来越弱，而学习热情也会逐渐消亡。

传统的课程考核评价，以"平时加期末"为主，评价内容比较片面，评价时间比较滞后，教与学之间无法形成及时的反馈。因评价结果重点关注的是课程知识目标的达成情况，因此日常教学过程中忽略了对学生专业技能和认知情感的培养，又因为评价时间上的滞后，学生在整个课程学习过程中，难以得到教师及时的引导与修正。

目前国内常用的公共学习平台有中国大学 MOOC、学堂在线、智慧树等，而常用的在线教学工具有云班课、雨课堂、学习通等，借助这些多样化的教学载体，教师可以根据课程需要开展丰富多彩的教学活动。考虑到云班课是一款基于移动端和电脑端的即时反馈型互动教学工具，内置丰富的学习活动与交互形式，可对用户的学习行为进行系统跟踪与记录，因此"PHP 程序设计"混合式"金课"的建设将主要借助云班课平台来展开。

二、混合式"金课"的建设要求

教育部 2018 年 8 月发布的《教育部关于狠抓新时代全国高等学校本科教育工作会议精神落实的通知》中曾明确指出，"金课"指的是有深度、有难度、有挑战度的课，概括起来就是集高阶性、创新性和挑战性于一体的高质量课程。

1. 高阶性

混合式"金课"建设的高阶性主要体现在教学理念和教学目标两方面。教学理念方面，教师不再是单纯的课堂教学的管理者，而应逐渐转变为线上引领者和线下管理者双重身份的有机结合。学生不再是课堂学习的被动接受者，而应在线上线下学习过程中探索适合自身实际情况的学习模式，逐渐成为线上线下教学的核心参与者。教学目标方面，课程实施不再是为了简单的知识传授，而更加关注的是学生是否拥有扎实的专业知识储备，是否具备优秀的职业素养、是否拥有能够解决复杂问题的能力，即知识目标、素质目标、能力目标是否实现了真正的有机融合。

2. 创新性

混合式"金课"建设的创新性主要体现在教学环节。通过借助现代化的教学工具，设计高互动性的混合式教学环节，可以引导学生在课堂外自主开展个性化学习，在课堂内积极参与面对面的互动和讨论。通过将在线教学与课堂教学紧密融合，使得整个教学过程贯穿课前、课中、课后三环节，从课堂内外两处着手提升整体的课程质量。

3. 挑战性

混合式"金课"建设的挑战性主要体现在教学内容和考核评价两方面。教学内容方面，课程更加注重知识的深度与广度，结合学生的实际学习情况，适当提升课程内容的难度系数，学生需要利用课堂内外的学习资源展开学习，认真分析思考实践之后，才能真正找到解决问题的方法，顺利完成课程任务。考核评价方面，为了考评结果的科学性与合理性，课程将严格规范考评制度，逐步细化考评标准，通过创设动态化、过程化、多样化的考评模式，使得教与学之间形成及时的反馈，教师针对不同学生的不同学习情况，能够给予及时的引导与修正。

三、混合式"金课"的建设思路

混合式"金课"建设的核心在于如何借助混合教学模式，科学合理地使用线上线下资源，在课前、课中及课后实施过程中展开教学。整体建设思路可以概括为，围绕人才培养方案，转换教学理念，调整教学目标，重构教学环节，优化教学内容，改善考评方式。

1. 转换教学理念

适时教学是建立在"基于网络的学习任务"和"学习者的主动学习课堂"二者交互作用基础上的一种教学理念。核心在于利用学生反馈来引导教学，进而激发学生的学习动机。"PHP 程序设计"混合式金课的建设，以"学生的学习"为核心展开线上线下的混合式教学。通过将传统学习和网络学习的优势相结合，既发挥了教师引导、启发、监控教学过程的主导作用，又充分体现了学生作为学习过程主体的主动性、积极性与创造性。

2. 调整教学目标

布鲁姆教育目标分类法将教育目标划分在三大领域，即认知领域、情感领域和动作技能领域。而其中的认知领域教育目标由低到高共分为六个层次，即记忆、理解、应用、分析、评价和创造。"PHP 程序设计"混合式金课的建设，为了达到高阶性的教学目标要求，需要对不同领域的教育目标加以分解，尤其对于认知领域不同层次的目标需要在每次课程中进行细化，以便于后期教学测试的准备以及教学效果的评价。

3. 重构教学环节

"PHP 程序设计"混合式金课的建设，依托新型的混合教学模式来开展教学。教师会将每一次教学过程分解为课前、课中、课后三个环节，所有教学活动将由线上和线下分工协作共同实施。在课前导学环节，教师利用云班课手机端，向学生推送学习资源并发布预习清单，然后发布课前测试活动，最后创建讨论空间并收集学生疑问。通过一系列任务活动的开展，教师可以在线下教学正式开始之前，及时掌握不同班级学生的不同预学情况，进而针对下一步的课堂教学重点做出适当调整。在课中讲学环节，教师需要充分发挥面对面互动交流的优势，结合实际教学内容开展头脑风暴、演示汇报、小组研讨等活动。而这些活动的结果呈现与数据记录，可依托云班课电脑端和极域电子教室来实现。

在课后拓学环节，教师通过云班课手机端，向学生推送一天之内必须完成的课后测试任务、课程评价任务以及一周之内必须完成的拓展作业任务。通过在手机端延续课程内容，帮助学生巩固课堂所学，加深专业知识理解。具体教学环节设计如表5-1所示。

表5-1 教学环节总体设计

教学阶段	教学方试	教师活动	学生活动	教学媒介
课前导学	线上	推送学习资源并发布预习清单	根据预习清单查阅学习资源	云班课
		发布课前测试并创建讨论空间	完成测试活动并参加预习讨论	
		收集学生疑问并调整教学内容	结合自身情况提出课程疑问	
课中讲学	线上线下	组织前堂内容回顾	回忆前堂肉容并起立发言	云班课、极域电子教室
		发布本堂任务要求	聆听本堂任务内客与要求	
		课程内客讲解示范	聆听老师讲解并记录笔记	
		指导学生练习实践	自己动手完成练习与实践	
		组织学生演示发言	任务演示与总结发言	
		任务完成情况点评	寻找任务问题并修正完善	
课后拓学	线上	发布课后测试	一天之内完咸测试活动	云班课
		收集课程评价	一天之内提交课程评价	
		推送拓展任务	一周之内完咸拓展任务	

4. 优化教学内容

教学内容的挑战性主要通过实践任务的难度梯度来体现。在完成任务的过程中，教师需要引导并鼓励学生不断探索和尝试，激发其内在的学习潜能。学生通过反复查阅资料以及亲自动手实践，逐步提升其自主学习能力和科学创新能力。具体教学内容安排如表5-2所示。

表 5-2 教学内容总体安排

课程章节	课程内容	基础要求	提高要求	拓展要求
入门篇	PHP 入门	独立搭建 PHP 运行环境，测试首个 PHP 程序	改造首个 PHP 程序，完成功能升级	将 PHP 与 HTML 结合，形成自己的独创程序
	PHP 基础	浏览器端的数据采集与提交	服务器端的数据采集与处理	服务器端的数据输出与优化
基础篇	PHP 流程控制语句	期末成绩的数据采集	期末成绩的等级判断	期末成绩的等级输出
	PHP 数组	通信录的标题设计与实现	通信录的内容设计与实现	通信录的页面设计与美化
	PHP 数据采集	注册表单的设计与实现	注册信息的采集与处理	注册系统的升级与美化
提高篇	MySQL 数据库	新闻发布系统数据库设计	新闻发布系统数据库实现	新闻发布系统数据库优化
	PHP 与 MySQL 数据库	完成 PHP 与 MySQL 之间的基础通信	完成 PHP 对 MySQL 的查询类操作	完成 PHP 对 MySQL 的非查询类操作
	登录系统	用户登录模块的页面设计	用户登录模块的功能实现	用户登录模块的测试与优化
拓展篇	注册系统	用户注册模块的页面设计	用户注册模块的功能实现	用户注册模块的测试与优化
	查询系统	信息查询模块的页面设计	信息查询模块的功能实现	信息查询模块测试与优化
	更新系统	更新系统模块的页面设计	更新系统模块的功能实现	更新系统模块的测试与优化
	系统整合	模块功能整合	系统功能测试	系统运行发布

5. 改善考评方式

科学而合理的考评机制，应该具有开放性和发展性，能够兼顾过程性与目的性，在整个教学过程中，随时记录并分析学生在多个维度的学习表现，如学习时间、学习态度、学习经历等。基于云班课平台的过程性考评体系以信息化平台作为基础，将整个考评过程中的信息收集、分析整理、反馈预警等工作数字化、共享化、透明化,进而实现教学评价与教学过程的真正同步化。

考评项目主要由日常表现、期末表现、附加表现三部分构成。日常表现占比50%,主要考察学生的日常学习行为表现,包含资源学习情况、课堂参与程度、作业完成情况三部分。期末表现占比50%,主要考察学生的期末学习行为表现,包含课程论文和期末考试两部分。附加表现作为额外奖励项目存在,主要考察学生专业知识内化的能力,包含分享交流情况和拓展延伸情况两部分。具体考评体系设计如表5-3所示。

表5-3 过程性考评体系总体设计

考评结果	考评项目	考评内容	考评指标	考评占比	考评细则
总评成绩	日常表现	资源学习情况	视频资源	5%	完整观看一个视频资源得2分
			非视频资源	5%	下载查阅一个非视频资源得1分
		课堂参与程度	出勤状况	5%	签到一次得3分,迟到、早退一次得-2分,请假一次得-1分
			互动表现	5%	主动参与讨论一次得1分,主动帮助他人一次得2分
			个人表现	5%	主动举手提问一次得1分,主动上台展示一次得2分
		作业完成情况	单元测试	5%	一次测试满分10分,根据测试结果,给予分数评定
			个人/小组作业	15%	一次作业满分10分,依据完成度、创新性等指标给予分数评定
			头脑风暴	5%	主要以课程小结形式出现,认真参与一次得3分
	期末表现	课程论文	格式、内容、语言等	10%	满分100分,依据科学性、实用性、创新性等指标给予分数评定
		期末考试	客观题、主观题	40%	满分100分,依据准确性、创新性等指标给予分数评定
	附加表现	分享交流情况	课程圈表现	+5%	每5条有效的课程圈分享交流记录加1分,最高不超过5分
		拓展延伸情况	勋章数目	+5%	每获得一枚勋章加1分,最高不超过5分

作为教育部重点关注的五大类型"金课"之一，线上线下混合式"金课"的建设对于提升高校人才培养质量发挥着不可替代的作用。要想建设好一门混合式"金课"并非易事，在整个建设过程中，需要按照"整体统筹、循序渐进、各个击破"的总体思路展开。任何一门"金课"的建设，都需要来自政策层面、制度层面、组织层面等多方的保障，因此对于混合式"金课"的建设来说，必然是一个任重而道远的过程。只有在实践中不断摸索与前进，扬长避短并积累经验，才能真正实现建设中国"金课"的伟大目标。

第六章 大学英语混合式教学多元化评价体系构建

第一节 教学评价概述

英语教学评估是指英语教学中所有相关的用来测量与评估的方法，主要是为了诊断教师和学生教与学过程中的障碍，从而保证学习目标的顺利实现。本章探讨多元文化背景下英语教学评估的相关内容，主要包括英语教学评估的概述、英语教学评估的原则以及英语教学评估的策略。

一、教学评估的定义

评估的定义为：为促进语言教学课程的改革并在其相关机构的范围内评估它的有效性而对一切有意义的信息进行系统的收集和分析。关于教育评估的定义，大体上有以下五种：①着眼于信息，强调通过评估收集信息，为教育决策服务；②着眼于方法，强调评估是成绩考查或调查的方法；③着眼于效果，强调通过评估判断教育目标或教育计划的实现程度；④着眼于过程，强调评估是信息收集的过程、提供决策依据的过程、判断效果的过程、教育优化的过程以及价值判断的过程等；⑤强调价值，强调教育评估的关键在于价值判断。

二、教学评估的内容

教学评估包括评估者、评估对象和评估过程三个要素。这些要素不仅决定了评估的结果，还决定了评估的内容，即学生评估、教师评估、过程评估、管理评估和课程评估。下面就来具体分析英语教学评估的内容。

（一）学生评估

一般来说，对学生的评估具体包括学力评估、学业评估和品德与人格评估三个方面的内容。

1. 学力评估

学力评估的目的是了解学生学习的状况及个体差异，为教学提供反馈信息，有助于教师对自己的教学进行适当的调整和改进，从而培养学生的综合能力。学力评估可通过采取多种方法进行，如标准学力测验、智力测验、实验法、观察法、评定法等。学力评估不仅有助于促进教与学的成果，对培养学生的元认知能力也有积极的影响作用。

2. 学业评估

学业评估是根据学科课程标准中规定的学习目标和学习内容而对学生的学习过程和成果进行的评估。它通常以测量为基础来展现学生的学习进展和学习成果，并据此做出价值判断，具有一定的补救、促进和协调功能。学业评估可采取多种多样的评估方法，比如诊断性评估、形成性评估、总结性评估、安置性评估等；可使用的测量工具也有很多，例如诊断性测验、自我报告清单、预备性测验、成就性测验、教师自编的掌握性的测验或标准参照性测验等。在对学生的学业进行评估时，灵活使用这些评估方法和测量工具有助于全面评估学生的学习状况与结果。学业评估的实践的开展比较复杂，其中存在诸多矛盾和问题，尤其是对评估理念的把握和评估方法的运用，给教学评估造成了不小的障碍。为了使学业评估更加清晰明了，必须清楚了解学业评估的四种模式，分别是目标模式、主体模式、诊断模式、过程模式。

（1）目标模式。目标模式认为学业评估就是要将学生的学习成果和教学预期目标进行对比。它将学校视为工厂，注重课程目标价值，通过终极性评估来为课程决策服务。

（2）主体模式。主体模式认为学业评估是评估者与被评估者共同建构意义的过程。它将学校视为花园，强调学生的主体价值，通过自参照评估来为学生的自主发展服务。

（3）诊断模式。诊断模式将学业评估视为诊断教学成果并予以改进的过程。它将教室视为诊所，强调教学诊断的价值，通过形成性评估来改进教学服务的质量，提高教学成果。

（4）过程模式。过程模式的范围包括学生学习的整个过程。它将教学视为旅行，强调教学过程的意义和价值，通过过程性评估服务于学生的社会化发展。

3. 品德与人格评估

对学生的品德和人格进行评估同样是教学评估中的一个重要部分。学生学习英语的一个重要目的就是为自身的发展和社会发展做贡献。一旦学生的品德与人格不端正，就有可能对他人或社会造成危害。因此，英语教学评估也不能忽视对学生品德和人格的评估。评估时，教师应注意从多个侧面采用不同方法对学生的品德和人格进行全面的、客观的评估，同时还要注意教学内容的科学性、思想性等对学生思想品德和人格的形成与发展所产生的影响的测定与评估。

（二）教师评估

教师作为整个教学过程的引导者，其素质的高低对教与学的成果以及学生的成长都起着重要的作用。因此，对教师素质的评估也是教学评估的一项重要内容。对教师素质的评估一般包括教学工作素质、教学能力素质、政治素质以及可持续发展素质四个方面：

（1）教学工作素质评估。对教学工作素质进行评估，其主要内容包括：课堂教学质量、教学改革成果、教学研究论文、教学经验总结、学生学习质量等方面。

（2）教学能力素质评估。对教师的教学能力素质进行评估，其主要内容包括：独立进行教学活动的能力、完成教学工作量的能力等方面。

（3）政治素质评估。对教师的政治素质进行评估，其主要内容包括：遵纪守法、工作态度、教书育人、为人师表、参与民主管理、政治理论水平、坚持四项基本原则、良好的文明行为等方面。

（4）可持续发展素质评估。对教师的可持续发展素质进行评估，其主要内容包括：教学发展的潜能，自觉寻求发展的能力，自学能力，接受新理论、新方法、新技术的能力等方面。

（三）过程评估

当前大多数教学评估只关注对教学结果、学生学习成绩的评估，而忽视学生在整个学习过程中整体素质的提高。针对这一现状，从形成性评估中延伸出了对教学过程的评估。教学过程的评估指的是对师生双方通过教学达到目标的情况进行评估。由于过程评估发源于形成性评估，因此二者之间有许多共通之处，如都要求关注学生的发展和教学的整个过程。而在我国具体的教育环境、教育问题下，过程评估具有浓厚的中国特色，其对教学过程的评估也是对以目标为导向的形成性测量评估的一个突破。

（四）管理评估

管理评估有助于为英语教学管理工作指明方向。想要准确、恰当地对教学管理的质量进行评估，必须了解英语教学管理的概念。英语教学管理是指根据英语教学的规律和特点，计划、组织、控制和监督英语教学工作。英语教学管理评估就是对这一过程及结果的评估。通过评估教学管理，教师能够发现管理中的问题，并及时加强和改进管理工作。英语评估教学管理的实施必须明确以下两项内容：（1）教学管理评估包括的内容。如第二课堂的评估、对学校及其下属单位教务管理方面的评估等。（2）科学、合理的评估指标。一般而言，评估指标包括：教学规章制度、教学计划、教学工作的具体实施、教学检查、教务工作等。

（五）课程评估

科学、合理的课程设置有助于提高教与学的质量。因此，英语教学评估必然涉及对课程的评估。课程评估是对英语课程价值及功能的评估，主要有三个模式：行为目标模式、CIPP 模式以及目标游离模式。

（1）行为目标模式。行为目标模式以确定目标为中心来组织教学活动和教学评估。行为目标模式下，预定目标决定了教学活动，教学评估的任务就是判断实际教学活动是否实现了这一目标、实现了多少，并通过教学反馈调整教学活动，以便以后能顺利地实现这一目标。

（2）CIPP 模式。CIPP 模式以决策为中心，是一种将背景评估、输入评估、过程评估和结果评估结合起来的评估模式。CIPP 模式还认为，目标作为行为目标模式的中心和依据，其本身也应该受到评估。

（3）目标游离模式。目标游离模式主张对评价实施者隐瞒评价方案、评价制定者的预定目标，减少评价方案、评价制定者的主观意图对评价的影响，以便收集到全部成果信息，获得全面、真实的效果。这种评价模式突破了预设目标的限制，重视实然的评价结果。较之以前的做法，其对评价对象的实际状态进行评价的模式显得更加科学化。同时，由于将评价方案、评价制定者的目标与评价实施者的目标分离，其评价结论也更为客观与公正。

三、教学评价的功能

教学评价在学校教育中的作用日益明显，成为学校工作中必不可少的环节。明确教学评价的基本功能，有利于充分发挥教学评价的作用。

（一）诊断功能

教学评价是对教学结果及其成因的分析过程，借此可以了解教学各方面的情况，从而判断它的成效和缺陷、矛盾和问题。教学包括教师的教与学生的学，因而教学评价的诊断功能不仅针对学生的学习结果，还包括对教师的教学效果的诊断。

（二）调控功能

教学评价的结果是一种反馈信息，这种信息既可以使教师更加了解自己的教学情况，也可以使学生明确自己学习的成功和失败，从而为教师调整教的行为、学生调整学的行为提供客观根据。英语教学评价的调控功能包括预测与导向功能。

1. 预测功能教学评价

以评价对象的现状为依据，可以预见性地推测评价对象的发展趋势及其可能性发展方向。这种预测功能可以最大化优化评价效果，使评价价值达到最理想化。教学评价通过对评价对象可能发展的方向进行一系列的预测、调查、观察，获得尽可能多的真实数据和事实，然后从中筛选出可供评价的因素进行科学分析，做出逻辑推导。为了对学生的发展提供有价值的建议和指导，评价前的预测必须针对学生的未来发展方向。但是，现阶段的教学评价缺乏对评价对象未来发展趋势的预测，即使是在对现状的描述中，也多是仅仅描述评价对象的现状或者表面现象。总而言之，必须充分掌握评价对象的各方面信息，并对这些信息进行认真的整合和加工，进行深入分析，从而对未来评价对象的发展趋势做出科学指导，使评价预测达到最大效应。

2. 导向功能教学评价

可以通过确定教学目标、设置指标等来指明方向，可以引导评价对象（教师或学生）朝着预设目标前进。教学评价产生于教学实践，也落实在教学实践，教学评价既要有预测教学实践的作用，也要有引导教学实践的作用。教学评价的导向功能体现在以下三个方面：

（1）教学评价应该引导学生和教师适应教育发展的方向。教学评价应具体地为教师和学生指明教与学的努力方向，学校是实施国家教育方针的基本单位，学校教育应该符合教育发展的趋势，符合国家教育发展的方向。教学评价的建立正是为了引导教师适应教育发展的趋势。

（2）教学评价应为教师和学生指明教与学的具体努力方向。评价直接关系着教师教什么、如何，教学生学什么、如何学。教学评价为教师和学生确定全面发展的达成性目标，从而引导教师与学生努力去实现各种具体目标，最终实现整体目标。

（3）教学评价为教师的教与学生的学确定发展的方向。教学评价虽然已经有一个基本框架可发挥一般意义上的导向作用，但是教学评价还应具有超前评价的导向构想，为学生确定一个发展的方向。应该加强对教学评价的超前导向的关注，也就是要做到对教学评价的实践研究不应满足于现实，而应以超前的观念去进行认真探讨，让教学评价走在教学实践的前面。

（三）激励功能

教学评价的最重要目的不是证明教学效果，而是改进教学效果。教学评价能够帮助教师发现教学中的各种问题，能够促进学生主动学习，提高学校教学质量的管理水平。教学评价的激励功能可从教师、学生两个角度具体说明。从教师教的角度看，教学评价可以反映出教师的教学效果，教师可以了解自己在课堂教学实践中的优点、特点、存在的问题以及产生这些问题的原因，从而保留优点，并有针对性地改正不足，提高教育教学水平。教师还可以从评价反馈的信息中找出学生存在的学习问题，了解和掌握学生学习中存在的普遍性问题以及问题的性质、程度及其原因，从而有目的地调整教学内容和教学进度。

从学生学的角度看，可以从评价中反馈的各种信息发现自己学习中存在的问题，从而为提高学习能力打下良好的基础。教学评价中反馈的学生学习信息，不但能为教师提供教与学的详细信息，还可以促使学生回顾自己在学习中的表现，分析与教学目标的距离及存在距离的原因，从而可以针对问题采取相应的措施，改进学习方法，提高学习效率。经验和研究表明，在一定限度内，经常进行记录成绩的测验对学生的成绩有很大的激励作用。这是因为，较高的评价能够给教师和学生以心理上的满足和精神上的鼓励，可以激发他们向更高的目标努力。

（四）管理功能

从学校教学管理的角度看，教学评价可以促进有效管理教学质量，更有针对性地提高教学管理人员管理。学校教学要强调质量管理，增强工作的效率，就应该借助教学评价。教学评价有助于学校找出教学管理中的薄弱环节，检查教师把握和执行教学大纲的情况，掌握教师的教学态度、教学能力、教学改革与创新的情况等，从而为提高教学管理水平、改进教学管理工作提供指导，为他们有效控制教学质量、做出改革决策和采取具体措施提供依据。

四、教学评估的标准

在进行英语教学评估时，必须要有相应的评估标准，否则就无法保证评估的公正性和公平性。在语言学中，关于测试体系的标准和原则的探讨很多，但是有关整个评估体系标准的研究却很少。因此，对包括诊断性评估、形成性评估和总结性评估等在内的评估体系建立严格的评估标准是很有必要的。教学评估主要包括以下四个标准：

（一）效度

评估的效度是指在多大程度上评价了要评价的内容。效度标准主要涉及以下一些概念：(1) 内容效度。指评估抽样是否足够，是否具有代表性；(2) 结构效度。这是语言评估的理论基础；(3) 表面效度。指外行对评估形式的印象；(4) 标准关联效度。指与其他评估形式相比较，评估结果是否一致。

（二）信度

评估的信度是指评估结果一致性的程度，主要包括三个方面：评估本身的信度、学生在不同情况下的表现及评分信度。评估信度的影响因素主要有以下三个：(1) 评估形式的特点。例如评估时间、题目的难易度、区分度、猜测因素等；(2) 学生临时的心理和生理变化；(3) 评分的波动。例如评分员之间、每个评分员自身前后之间的差异等。为了减少或排除上述因素的影响，可以在以下三个方面做出努力：首先，使用多种评估方法，评估条件一致，减少非评估因素的干扰。其次，在多个场合下评价，提供清楚明了的评价说明。最后，由有经验的、受过培训的评分员评分，采用多人独立评分。

（三）可行性

一项评估形式只有在人力、物力、时间许可的范围内才具有可行性，例如是否有足够的时间和钱物收集评价所需信息材料、分析评价材料，评价方式是否为学生、家长和社会所接受等。

（四）积极的教学反馈作用

反拨作用是指评估对语言教学的影响与反馈作用。反拨作用也是评估的一个重要因素，科学合理的评估对语言教学有促进作用，而不合理的评估对语言教学具有阻碍作用。因此，要格外注意评估方式对教学的反拨作用，尤其是积极的反拨作用，特别是受试范围很广的大规模、标准化考试更要考虑评价对教学的反拨作用。

五、教学评估的过程

英语教学评估的过程一般包括评估的准备、评估的实施以及评估结果的反馈三个阶段。

（1）评估的准备

教学评估准备阶段的主要工作包括以下几个方面：方案准备、组织与人员准备以及评估者和被评估者的心理准备。

1. 方案准备

方案准备主要是指评估的组织者根据课堂教学评估的目的，在教学评估实施前拟定有关教学评估的目的、内容、范围、方法、手段、程序和预期结果的纲领性文件。通常，方案主要包括以下内容：评估对象，评估目的，评估标准，评估方法，实施期限，评估报告完成的时间，评估报告接受的单位、部门或个人，预算等。方案一般具有以下两个方面的特性：

（1）评估标准是方案的核心。这里的评估标准一般包含评估的指标体系及其评定标准。评估标准编制的科学性和有效性对评估结果的信度和效度有决定性的作用。一般来说，在编制评估标准时，要依据相应的调查，通过严格论证、专家评判、实验修正提高评估标准的质量。

（2）评估程序的科学性、规范性和可操作性是方案的根本。评估工作的科学性是指评估活动的指导理论以及评估过程中所采用的方法一定要科学；规范性是指评估运行程序要规范和按照预先设计好的程序进行，不能随意改变。可操作性是整个评估程序具有可操作性，要能得出明确的结论。

2. 组织与人员准备

组织准备通常包括成立专门的评估领导小组或组建评估工作小组。人员准备主要是指组织与评估有关的人员对评估理论和有关文件进行系统学习，为评估工作做好知识与技能方面的准备。

3. 评估者和被评估者的心理准备

在评估的准备阶段，评估者和被评估者会出现一系列心理现象，如成见效应、焦虑心理、应付心理、晕轮效应等，这些心理现象不仅会影响到评价者与被评价者之间的关系，而且还会影响评价的信度和效度，因此需要进行有效的调控。

（二）评估的实施

教学评估活动的关键就是评估的实施。实施评估的主要任务在于采取不同的评估方法和技术收集多种评估信息，并对这些信息进行整理，然后对价值进行判断。

1. 评估信息的收集

收集评估信息时，要以先前制订的评估方案为依据，并采取恰当的评估方法、手段、工具、仪器。需要指出的是，评估工具（如评估表、量表、问卷等）起着十分重要的作用，其科学性决定着信息收集的有效性。因此，选择评估工具要确保其有效性。

2. 评估信息的整理

评估信息的收集工作完成后，通常需要对这些信息进行审核和归类。审核评估信息主要是指判断评估信息的有效性，如回答问题是不是敷衍了事，判断评估信息是不是被评估对象的真实反映。而对评估信息进行归类则主要是指根据评估信息的共同点进行归纳，确保信息的有序性。

3. 评估信息的分析

对评估信息进行分析处理时，一方面，要注意掌握评估标准及其具体要求；另一方面，评估者应该使用事先规定的计量方法来处理评估信息，也可以采用其他方法。在评估结果中要提供评估意见，如相应分数、等级或定性描述等。此外，如果条件允许，对评估者的观察结果进行认定与复核也是十分有必要的。

4. 综合评估

综合评估是将分项评定的结果进行汇总，并最终形成综合评估的结果。评估者需要根据汇总的评估结果，对评估对象做出准确、客观的定量或定性的评估结论，形成评估意见。

（三）评估结果的反馈

评估结果的反馈主要包括以下四方面的内容：

1. 检验评估结果

评估结果的检验要注意以下两点：

（1）对评估程序的每个步骤进行检查，看其是否全面、准确地实施了评估方案。

（2）采取统计检验方法，对评估结果进行统计检验。

2. 分析诊断问题

对被评估者进行等级分类并不是评估的最终目标，评估主要是为了有效地促进课堂中的教与学，因此需要详细地分析所收集的资料，并对被评估者的优劣状况进行系统评论，以帮助被评估对象找出存在的问题。

3. 写评估报告

评估报告一般由封面、正文和附件三部分组成。这里主要对封面与正文进行简要介绍。封面应包括以下信息：评估方案的题目、评估者的姓名、评估报告接收者的姓名、评估方案实施和完成的时间、完成报告的日期。一般而言，正文主要包括五部分：

（1）概要。要求对评估报告进行简要综述，解释评估的原因，并提供主要结论和建议。

（2）背景信息。它主要介绍评估方案是如何产生的，尤其注重对评估标准的编制过程及其理论依据的描述。

（3）叙述评估实施的过程。它主要是对收集信息和处理信息的过程进行的描述。

（4）描述结果并分析结果。它主要介绍各种收集到的与评估有关的信息，包括数据和记录的事件、证据以及处理这些信息所得到的结果。

（5）归纳与建议。它主要包括推断评估结果，并进行归纳，给出结论，同时提出意见、建议。

4. 反馈评估结果

反馈评估结果主要是把评估结果反馈给被评估对象或上级主管部门，这不仅有助于引导评估对象了解自己的优点，发现自己的问题，进而不断改进、完善自己，还可以作为教师或教育管理机构进行决策的依据。反馈评估结果可以采取诸如座谈会、汇报会、书面报告等多种方式进行。

第二节　多元多向化评价体系构建

一、多元文化背景下英语教学评估的基本原则

教学评价原则是指评价过程应遵循的基本准则。多元文化背景下英语教学评估有以下十二个原则：

（一）发展性原则评价

教学评价应该遵循发展性原则，利用评价促进学生的发展和教师的专业发展。学生是教学的主体，教学评价的基本目标之一就是通过切实的评价与诊断，让教师发现教学中的优缺点，帮助教师积极自主地学习、研究和应用新的教学策略，不断调整教学

的组织方法与过程，从而促进学生在认知、情感等方面的全面发展。同时，通过评价诊断学生的学习效果、学习中存在的问题和缺陷，可以帮助教师有针对性地指导学生，也有利于学生根据自己的学习成果，采取相对应的措施改进学习，提高学习效果。

（二）主体性原则

英语教学评价的主体性原则既指学生在学习中的主体性，又指教师在教学评价中的主体性。学生在学习中的主体性能促进学生的发展。评价应以学生的综合语言运用能力发展为出发点，有益于学生认识自我、树立自信，有助于学生反思和调控自己的学习过程，从而促进学生的综合语言运用能力的不断发展。教师在教学评价中的主体性体现在两个方面：第一，任课教师必须掌握教学评价的技巧，把教学评价纳入正常的教学之中，增强反思性教学研究；第二，教师应该参与教学评价指标体系的制定，每位教师都必须清楚评价的目标要求，掌握评价的基本操作技能。教师的主体性实际上也是为学生主体性服务的。教师必须掌握教学评价的方法和技能，帮助学生认识自己的学习现状和学习潜能，帮助学生认识自我评价对于学习能力发展的意义，学会自我评价的方法，并在学习中积极、有效地加以运用，不断提高学习的自主性。在各类评价活动中，学生都应是积极的参与者和合作者。

（三）合理性原则

教学评价既是保证课程实施的重要手段，又是教学活动的有机组成部分，在课程教学中起着非常重要的作用。在教学过程中使用的各种评价方式有利于教学活动的开展，有利于学生学习能力的提高。但是，并非任何评价都是有积极意义的。实际上，只有合理的评价才可以促进教学效果的提高。总的来说，评价方式应该简便易行，避免使用过于烦琐的程序，干扰日常教学；同时应注重评价活动的质量和使用时机，让学生感到评价是积极的、有意义的学习活动；要防止评价流于形式，或因为评价活动不当使学生产生心理负担和厌倦情绪。总之，英语教学评价是促进教学发展的手段，而不是教学目标。

（四）目的性原则

英语教学评估对学生和教师都有重要的意义，因此评估应当遵循目的性原则，以便对师生切实有益。

从教师的角度来看，不同评估方式的预期目标不同，适用的范围也不同，因此教师对于各种评估方法的目的和其预期的效果应有所了解，只有这样，才能在诸多评估方式中做出正确的选择。另外，教师在选择时还应结合自己班级和课堂的具体情况，并且注意各项方法技巧的运用。

而从学生的角度来看，对于教学评估的诸多方面都应该让学生有所了解，如教学评估的重要性、各种评估方式的操作和作用等，这样才利于学生的积极配合，保证教学评估的有效进行。

（五）效益性原则

效益性原则是指在单位时间内所取得的教学成果与所付出的物质代价和精神代价的比率。效益性原则是评价教学活动适宜性的一个重要指标，教学活动是为了完成相应的教学目标而展开的，每一个教学环节和相应的教学活动都是为了达到这个教学目标而存在的。不同的教学环节和教学活动，其效果和效率是不一样的。因此，效益性原则是判断某些教学环节、教学活动是否恰当的一个重要标准。为达到更好的效益，教师要时刻关注教学评价对学生学习和教师教学的反馈作用。教学评价能够反映学生的学习成就、学习中的问题。

（六）反馈性原则

教学评估的反馈性原则和目的性原则是相辅相成的，遵循反馈性原则是为了能够更好地实现评估的目的。

首先，在课堂教学评估结束后，教师需要对评估中获取的信息进行分类综合，找到学生学习中共同存在的问题；然后在分析"双峰"现象、检查计划完成情况的基础上，制订下一步的教学或评估计划。其次，及时把评估信息反馈给学生。通过评估反馈信息，学生可以对教师采用的这种评估方式真正意义有一个整体性的了解，同时了解自己在学习方面的不足和差距，从而促使教师和学生采取相应的措施给予改进与提高。因此，应该将评估阶段获取的信息进行分析整理之后及时反馈给学生，最起码应将部分信息反馈给学生，以避免学生对评估的不认同或反感。最后，课堂教学评估可进行适当量化，以此作为反馈的一种手段。有学者曾建议不对课堂教学评估分等级，但也有研究发现分级形式的评估能起到更加有效的作用。但在分级评估时，需要清楚的是这样做只是为了更清晰地进行反馈，作为教师来说，不可以把它作为检验学生学习成绩的体系，而且也不能盲目采用分级量化的方式进行课堂评估，应该视具体情况来定。

（七）过程性原则

过程性原则包括以下两个方面的内容：

第一，评价不只是在教学结束后发生，更是发生在教学设计和教学实践的整个过程之中。评价针对教学的整个过程，并不是针对某一阶段的，即教学评价本身直接针对的是教学活动及其过程。在这个过程中，教师要结合教学的目标来评价教学的效率。

第二，评价不仅要关注结果，更要关注教学中师生的行为表现，评价也不是一次性的行为，而是连续性行为，贯穿于教学的始终。评价既要体现教师教学经验的发展过程，又要体现学生学习经验的发展过程；评价不是用某一事件评定某一结果，而是要体现个体发展的连续性。要真正发挥评价的教学作用，就要对教师和学生的个体成长与进步放在同等地位，要把教师和学生放在同等重要的位置。教师要不断地对自己的教学思想、教学态度和教学行为进行分析和反思，对评价资料进行细心收集、整理与分析，学生也应该不断地对自己的学习效果、学习效率、学习方法等进行思考与改良。教师和学生都应该在整个教学过程中不断评价与相互评价，提高评价结果的客观性，促进教师自我教学能力的提高。

（八）情感性原则

人文主义心理学强调，要促进人的全面发展，必须使认知和情感两个方面有机地结合起来。以往的教育过多关注大脑的理性和认知功能，而忽视了非理性方面的发展，导致了"情感空白"。根据"情感过滤"理论，人们在接受所输入的语言材料的过程中往往会受到其情感因素的影响和制约。如果他们有积极的情感，则情感的过滤作用就小，大量的"可理解输入"就会进入语言习得机制，并内化为他们的语言能力；如果他们的心理状态差，其情感因素就会对输入的语言材料进行过滤，阻碍语言材料的有效输入。因此，在英语教学评估的过程中，就要求教师要考虑到学生的情感因素，善于发现学生的优点，让学生从评估中了解自己所处的发展状态以及个人的发展潜能，并从中体验进步与成功，从而增强学习的信心和学习进步的动力，提高学习效果。

（九）多元性原则

多元性原则表现在以下四个方面：

（1）评价主体的多元化，即为了使评价有机地融入教学过程，学校应建立开放和宽松的评价氛围，使参与评价活动的人除了教师之外，还包括专职的评价机构、教育决策机构、学校管理教师、学生家长、学生群体和个体以及学校内外的其他相关人员，即实现教学评价包括专家评价、领导评价、教师评价、同伴评价和学生评价的评价主体的多元化。

（2）评价对象的多元化，即为了保持评价结果的信度和效度，降低评价的消极影响，应将以下内容也列入评价对象之列：学生的情感、心理、能力等。将这些因素融入教学评价中，有利于学生的情感、心理、能力的培养和发展；教学目标。将教学目标纳入评价对象之列，可以随时对教学目标进行评价，从而有利于对教学过程进行调整，促进教学效果的不断提高；课程参与者。课程参与者包括参与课程开发、编制、设计的人员以及课程实施和课程管理的人员；教学评价者。教学评价者的知识水平、评价技能等都与评价结果密切联系，因此将教学评价者也列入评价对象之中，可以促使其不断提高自身水平、技能，从而有利于提高评价结果的效度和信度。

（3）评价形式的多元化。提倡形成性评价与终结性评价相结合，既关注结果，又关注过程，以形成性评价为主；定性评价与定量评价相结合，以定性评价为主；他评与自评相结合，以自评为主；综合性评价和单项评价相结合，以综合性评价为主。每个学生的认知风格、学习方式及阶段性发展水平具有一定的差异。在日常教学中，教师应注意根据学生的差异采取适当的评价方式，设计出不同层次的评价目标，并允许学生自由选择适合自己的评价方式，以利于学生充分展示自身的优势，让水平不同的学生都能体验成功。

（4）评价标准的多元化。课程评价科学与否，在很大程度上决定了整个评价结果的精确与否。我国地区发展不平衡，如果用统一的评价标准，就容易忽略学生个性差异，不利于学生的发展。因此，各个地区可以根据当地的经济、教育发展水平制定不同的评价标准；各个地区的学校也可以根据自己的办学条件、培养目标等的不同制定符合学校特点的评价标准。

（十）评估与指导相结合原则

评估与指导相结合是指按照一定的原则、标准对评估对象已完成的行为做出肯定或否定的判定，同时应把评估结果上升到一定的理论高度加以认识，并根据评估对象的主、客观条件，从现实出发，指导评估对象改进教学或学习，把握今后的发展方向，使评估对象能够发扬优点，克服缺点，争取更大的进步。

在英语教学中，评估的内容涉及面比较广。从原则上来讲，评估什么内容，就应对其中存在的问题进行分析和指导，否则评估工作就变得毫无意义。因此，既要注重评估结果对学生学习及教师教学的反拨作用，还要强调评估后的指导。只有从评估到指导，从指导到评估，循环往复地进行，才能有效地促进学生的学习，促进教与学的可持续发展。

（十一）总结性评估与形成性评估

相结合原则总结性评估和形成性评估侧重点不同。英语教学评估要遵循总结性评估与形成性评估相结合的原则。

总结性评估强调对学生综合运用语言能力的考查。总结性评估既可以检测学生综合语言运用能力的发展程度，又是反映教学效果、学校办学质量的重要指标之一。总结性评估的目标是对学生综合语言运用能力的考查，确保对学生经过学习后所具有的语言水平进行科学、全面的考查。为了全面考查学生的综合语言运用能力，测试可以采用多种形式，如口试、听力考试、笔试等。口试要注重对学生的表达与沟通能力和交际的有效性的检测。听力测试的主要目的是检测学生在具体的语境中理解和获取信息的能力。听力测试在各类考试中所占的比例不少于20%。笔试除了要有语音知识题和单纯语法知识题之外，还要适当出现一些具有语境的应用型试题；在笔试中适当增加主观题，减少客观题，增加有助于培养学生思维表达的主观题。此外，总结性评估不允许公布学生考试的成绩，也不能按考试成绩对学生进行排名。

形成性评估是教学的重要推动因素。形成性评估的任务在于评估学生日常学习过程中的表现、所取得的成绩以及所反映出的情感、态度策略等方面的发展等。形成性评估应坚持以正面鼓励、肯定性评估为主，教师要以评估结果为依据，与学生进行沟通、交流，对学生的进步予以肯定，同时鼓励学生自我反思，总结学习经验，以实现自我提高。形成性评估可以采用多种形式进行，如课堂学习活动评比、课外活动参与点评、学习效果自评、学习档案、问卷调查、访谈等。此外，形成性评估还可以采用不同的评估记录方式，如描述性评估、等级评估、评分等。总的来说，总结性评估有利于横向比较，能对评估对象是否达到了某种标准进行比较准确的判断，但是它不利于纵向比较，即不易反映评估对象的活动过程和今后发展的潜力，难以控制。与之相反，形成性评估则便于纵向比较，有利于分析和判断发展趋势，更好地调控、指导，但其缺点是费时费力，很难进行横向比较。因此，在进行英语教学评估时，只有把总结性评估和形成性评估结合起来，取长补短，才能使教学评估更有效。

（十二）全面性与独特性相结合原则

在英语教学评估中，不仅要考虑评估标准的全面性，更要关心评估对象的独特性。教学评估首先要注意评估标准的全面性。评估标准的全面性是指在教学评估中要对教学、学习活动中的各种因素进行全面的分析和判断。因为教学评估是一项系统工程，其效果由多种因素综合起来构成,如果单纯地强调某一因素,很容易造成系统的不平衡。因此,英语教学评估就是要依据课程目标,以培养学生综合语言运用能力为中心,尽可能全面地评估学生的学习过程。此外,教学评估还要注意评估对象的独特性。独特性就是要在评估中关注学生的差异性,照顾学生的特殊需要。具体而言,需要注意以下两点:

(1)考虑学生的特殊需求,评估应具有多样性和选择性。在评估中,教师应允许学生依据自己的学习风格、优势选择适合自己的评估方式。

(2)根据学生年龄采取不同的评估方式。如低年级的学生适合采用形成性评估,依据学生平时参与各种教学活动的表现和合作能力进行总结性评估;而对高年级的学生应以形成性评估为基础,多用总结性评估,更加注重评估对学生用英语获取信息和处理信息、分析问题和解决问题的能力以及用英语思维和表达的能力。

二、多元文化背景下教学评估的策略

现代英语教学评估的策略有很多,下面主要从对学生的评估、对教师的评估以及对教材的评估等几个视角探讨英语教学评估的具体策略。

(一)对学生评估的策略

1. 档案评估策略

(1)档案评估策略简述。档案是组织或个人在以往的社会实践中直接形成的清晰的、确定的、具有完整记录作用的固化信息。对于学生档案,其在教学上的应用便是对学生进行评估的一个重要工具。档案评估策略可以将课程、教学同评价结合起来,贯穿到日常的教学活动中去。学生的学习档案袋一般有两种形式:

a. 课堂记录卡。学生在学习档案中可以收录课堂学习的重要资料,以便帮助学生及时了解自身学习过的知识和学习方式。采用课堂记录卡的形式可将在课堂中发生的事情如实记录下来,客观地描述自己在课堂上的表现。课堂记录卡一般由学生自己填写,并标明具体时间,然后收集在档案袋里。

b. 个人作品档案袋。个人作品档案袋可以收录学生在学习过程中通过各种形式的实践活动所获得的收获和成果,便于师生及时了解。其内容可以是学生撰写的优秀小论文、获奖证书、他人对自己的评价以及自我评价结果等。此外,还可以将学生的录音、照片或画、与同学的合作项目等收录到个人作品档案袋中。

（2）学生档案的收集。学习档案材料的收集方式有很多，如果决定了要进行学生学习档案评估，教师就应该在新学年一开始就设定一个总的计划，如使用学生学习档案的最终目的是什么，要收集什么材料以及由谁来收集。由于收集资料需要一个漫长的过程，只要坚持记录有关学生学习过程就可以了，因此教师就要培养学生的学习习惯——收集他们所有的东西，并找一个存放的地方，也就是学生学习档案。制作学生学习档案时，收集资料并不是一件难事，选择收集哪些资料则是极为困难的事。因此，学生应该先学会如何整理、挑选出合适的资料放进学生学习档案中。通常教师会从学生的口头讨论开始。学生参照教师提供的优秀作业的标准和样本进行讨论，并口头反思彼此的作业。学生进行口头讨论时，教师要将学生谈到的问题进行归纳总结。当学生掌握了口头讨论的基本模式，并且会用现成的标准去评定自己的作业后，再转向笔头反思。笔头反思有助于学生从评估中学习，了解自己的优点和不足。同时教师能知道学生对自己作业的看法，当发现一些不恰当的看法时，教师可以作及时地提示与引导。当学生有能力判断他们的作品并且收集了一定数量的作品后，他们就可以将挑选出来的作品收集到学生学习档案里。如果要建立一个写作档案，就需要选择如下项目：

a. 一篇重要的文章，并说明选这篇作品的原因以及完成的过程和感受。

b. 一篇满意的文章和一篇不满意的文章，并说明对两篇文章的思考。如果学生愿意还可以再加上对不满意作品的改进意见。

c. 一篇文章的写作过程。

d. 随便选一篇文章以及选它的理由。

（3）学习档案的制作。学习档案的制作包括以下几点：

a. 读书笔记的制作方法。读书笔记是学生对所读书籍、文章的随时记录，坚持记录读书笔记有助于学生养成认真思考的习惯。教学过程中，教师可以鼓励学生就所读内容发表看法。这不仅有助于学生了解文章、书籍的内容，培养良好的读书习惯，同时也有助于学生锻炼写作能力。

b. 阅读、写作档案的制作方法。每份档案都应包括要求的项目、任意选择的项目以及评论。

c. 学生学习档案总表的制作方法。学生学习档案总结表上通常包括：学生姓名；教师姓名；日期；学校名称；要求的项目，如阅读范例、阅读策略、写作范例、学生自评等；任选项目，如所读书单、内容摘要和评论、阅读成绩等。

（4）对学生档案的评估。完成学生学习档案的制作以后，就要检查学生所选项目是否符合档案要求，并对其进行评估。评估学生学习档案时应注意以下几个方面：档案是否整洁易读；档案中的材料是否组织得好；档案中是否有具体范例；档案内容是否能够清晰、全面地反映学生一个阶段的学习成果；档案是否能够体现不同课程之间的联系。

a. 学生学习档案座谈。开展学生学习档案座谈不仅能够快速、有效地了解学生的学习情况、学习习惯，还可以有效地指导学生今后的学习。

b. 学生学习档案评估量表。学生学习档案评估量表的功能在于将学生一个时期内的成绩量化，将学生的成绩分为优秀、很好、良好、一般和需改进五个档次，并辅以日常记录和总结，使学生的学习情况更加直观。

2. 观察策略

观察策略是指通过有目的、有计划地观察学生在日常学习中的表现并加以记录，从而对学生的学习情况做出全面评估的一种方法。观察策略作为评估英语教学行为和技巧的最基本的评估工具被广泛地应用。所有语言信息收集的方法都可以被认为是在特定情况下使用特殊方法来了解学生学习的行为、态度或策略。观察分为正式和非正式两种。所谓正式观察就是采用标准化的观察方法。非正式的观察则是对学生某一方面行为规范的观察。观察可以随时进行，但也需要按照系统的方法进行，以保证其客观性。观察策略作为形成性评估的一种重要形式，主要适用于课堂评估。杰纳西和厄普舍认为，在设计课堂观察时需要注意以下一些问题：

（1）观察的目的是什么？对教师来说，可以通过观察了解学生学会了什么，哪些学习策略对他们有帮助，哪些教学策略对他们更有效，哪些活动和材料是学生喜欢的等。对学生来说，教师及时将收集到的信息反馈给学生，有利于学生更好地了解自己的学习状态。

（2）观察教学的哪些方面可以达到这样的目的？教师在教学过程中可以重点观察课堂事件、教学活动、学生间互相交流等。教师还可以观察学生日常的听、说、阅读和写作的经历。此外，教师还可以随时、随意地观察学生学习上取得的进步。

（3）观察单个学生、一组学生还是整个班级？对某一个学生进行观察，可以了解这个学生个人的具体困难并与家长、其他教师一起帮助他进步；而对一组学生进行观察，可以了解全班的整体进度。

（4）在日常的教学活动中观察还是观察特定的某个活动？教师可以观察学生单独、一对一或分组执行任务时的表现。通过灵活设定的任务或游戏可以帮助教师评估学生的分类能力、记录能力和描述能力等。例如，将学生分为两人一组，一个学生描述一堆物品中的一个的形状，另一个学生把它找出来。比较哪个组在规定的时间内找对的最多，数量最多的队为获胜队。

（5）实行一次观察还是重复观察？是否把观察与学生的其他课程和课外学习相结合？

（6）如何记录观察结果？恰当的记录方式对观察结果有着极大的影响。教师观察到的现象和结论可以用日常笔记、评分量表或评分表的形式记录下来。记录的具体方法，应当根据监测的目的和对象确定。

a. 每日录音。日常的录音是教师根据学生的语言、行为或日常的学习所做的笔记。

b. 评定量表。评分的量表记录了学生在特定标准下的成绩，以及学生在给定时间或给定范围内达到的标准。一般来说，主要使用三种类型的量表：数字、图形和描述。

c. 评估表。评价的形式主要反映学生在一定时间内，在一定活动或过程中的表现和进步，并根据一套具体的标准制定。评估表用于记录学生是否具备特定的知识、能力、过程、能力和态度。通过评估的形式，教师可以了解哪些方面的学习取得了良好的效果，哪些方面的学习需要帮助或进一步的指导。评估表的使用应多样、适当和实用。使用评估表时应注意以下几点：教师应根据课程、学习单元和学习目标制订监控标准；监控前应与学生讨论具体标准；必要时，教师可以要求学生参与部分或全部标准的制订；教师必须用通俗的语言描述评分标准，以便学生和家长可以相互理解；评分的文章不得超过八项，一次只观察几个学生；要经常对评估数据进行总结，采用或调整已有的评估表；所有评估表都应留出空间以便做日常记录和写评语。

3. 同伴评估策略

所谓同伴评估主要是指通过学生之间的沟通与合作来实现评估。因此，沟通技能和合作技能是影响评估结果的两个重要因素。由于不同学生的沟通能力、合作态度有所不同，而且同学间彼此信任、真诚的互相评估也需要一定时间的培养，因此同伴评估不是一次就能实现的。在初次使用同伴互评的时候，教师应注意采取一定的策略来帮助学生执行评估活动。当然，同伴评估也可以通过简单的活动来落实。例如，教师可将全班学生分成若干小组，每个小组完成一个任务。在此期间，教师应鼓励组中每个成员都积极思考，共同合作完成任务。活动结束后，教师要求每位小组成员都对自己和他人的贡献做出评估。同伴评估不能盲目进行，必须遵循一定的规则。如，学生在谈论自己的观点或发表评论时要有理有据，不能依个人主观偏好评论。教师可以让几个学生评估一个学生，每一个评估者都要根据被评估者的课堂表现写评语，评语的重点要放在被评估者的优点及改进的建议上。然后，被评估者根据同学和教师的评语反思自己的表现并撰写总结，确定改进的目标。

4. 自我评估策略

现代英语教学强调对学生自主学习能力的培养，学生要对自己的学习负责，即要在日常学习过程中检测、监控自己的学习情况。因此，自我评估策略也是对学生评估的重要组成部分。自我评估就是让学生通过积极思考自己在学习方面的问题，自己评估自己的学习情况。通过自我评估，学生可以正视自己取得的成就，发现存在的不足，从而自我调控学习进程，培养对自身学习的信心和责任感。

在自我评估策略中，教师的任务主要有两个：一是根据评估目的制订自我评估表，引导学生进行自我评价；二是通过与学生讨论他们的自评实施过程与结果，了解学生的学习态度，也使学生清楚地认识到自己的学习情况。自我评估策略经常采用的工具是自评表和自我学习监控表。

（1）自评表。自评表对提高教学评估的效率起着促进性的作用，而且其操作起来也比较方便、省时，只需在课堂教学活动结束之时发给学生即可。

（2）自我学习监控表。自我学习监控表通常用来监控学生的学习，在英语教学的任何一个单元的学习过程之中，都可以使用自我学习监控表。其具体操作步骤及注意事项如下：

a. 使用自我学习监控表之前，教师首先应该向学生介绍此表的用途以及操作方式，这有助于学生正确认识和使用它。

b. 学习新单元之前，教师可让学生根据自己的实际情况，提前设定一个想要实现的目标，然后在活动栏中写上要完成的任务。需要指出的是，学生在制订计划和目标时应首先确保这些活动能够为他们挣到足够的分数，然后学生才能够在学习过程中参照自己预先制定的目标时时监控学习的进度，为以后的行为调整做参考。

c. 尽管在使用学习监控表时，完成目标的过程是学生的自主行为，但教师也不应袖手旁观，听之任之，而应时常提醒学生检查自己目标达成的情况，为他们调整下一步的学习活动提供建议和指导。

5. 学科成绩测验策略

学科成绩测验即通常所说的语言测试或考试，是最常用的评估学生学业的方法。与其他评估方法相比，语言测试具有高效、便捷的特点，量化的考试成绩易于在学生之间进行横向比较，从而为教学提供有益的反馈信息。考试的适用面也较广，通常用于判断学生知识、技能的掌握水平及其他方面的发展状况。此外，由于考试的答案较为固定，因此评估的结果也相对较为公正。考试主要可以分为以下两种：

（1）标准化考试。所谓标准化考试，是指利用现代的教育技术对学生的英语能力进行大规模测试，达到严格的规定要求。一般而言，标准化的测试通常由专业机构或组织制订、组织和实施。具有科学性强、质量高、控制严格、成本高等特点。它们主要适用于更广泛的学习的鉴赏。标准化的测试的目的是提供一个众所周知的客观标准，通过对学生语言的使用情况的抽样进行检查来确定学生目前的语言技能。

（2）课堂测试。课堂测试是教学中最为常用的评估方法，可以评估学生一个教学单元、一学期或一学年教学目标的实现情况。课堂测试的主要形式是笔试，一般由教师组织、设计和实施。传统的课堂测试采用闭卷考试，新时期的课堂测试法要改变传统的考试内容和方式，将对学生知识和能力的考查有机地结合起来，将开卷考试和闭卷考试有机地结合起来。课堂测试主要注意以下两个方面：

a. 要强调实体的真实性和情景性，便于学生形成对英语学习和使用的领悟能力、解释能力和创造能力。

b. 要强调学生解题的过程，尽量减少客观题，增加主观题和开放题的比例。不仅要重视考试结果，还要重视结果得出的过程。需要指出的是，尽管学科成绩测验的结果比较客观、公正，但任何考试都不能完全真实地反映学生学业成就的整体面貌。因此，要用辩证的眼光来看待学科成就测验，既不能全盘否定，也不能将其视为黄金法则，当成衡量学生学业的唯一方法。

6. 专门调查策略

（1）问卷策略。问卷策略是评估者向学生提出一系列的问题或情境，要求学生回答有关问题来获得所需信息的评估策略。问卷策略通常用于评估学生的兴趣、态度等。为确保问卷调查结果的真实性，问卷的设计、发放、回收及分析都务必科学、简洁。

（2）访谈策略。访谈策略又称座谈策略，是指评估者通过与学生进行面对面的交谈来获取所需信息的评估策略。访谈时，评估者可以提出结构性的问题和非结构性的问题。所谓结构性问题是评估者事先确定好的一批问题，无论哪位同学回答的都是同样的问题。非结构性问题则是围绕中心问题的提问，随着访问的发展状况，确定特定的问题。

（3）研讨策略。研讨策略是指将学生参与课堂活动的表现纳入学生表现评估的内容之中。研讨策略体现了课程、教学与评估的整体。研讨评估策略的根本目的在于让学生学会更有效地思考，并为自己的见解提出证据。问题研讨可采用多种方式来实施，它既可以成为学生学业的展示，又可以成为课堂评估的一部分，还可以成为结业作业的展示，无论哪种方式都需要巧妙的问题设计和一套对应的评估准则。由于研讨策略对教师所提出的引导问题以及教师本身有着较高的要求，因此这种评估策略尚处于引进摸索阶段，目前主要适用于对学业成绩的评估，对评估学生能力发展方面有一定的积极意义。具体来说，研讨式评估的操作步骤如下：

a. 明确教学目标；b. 选定研讨采用的文本；c. 教师提出起始问题；d. 选择记录研讨过程的方式或设计简明的记录表；e. 以多种方式完成评估。

（二）对教师评估的策略

对教师的评估主要探讨对教师授课质量的评估策略。首先要根据教育目标要求制定科学合理的评估指标体系，其次系统搜集教师授课活动的有关信息，并据此分析和判断教学质量，最后为改进教学工作、提高教学质量提供依据，指明方向。

1. 评估标准

评估标准的确定直接关系到评估的效果。对于教师授课质量的评估标准，国内外学者存在不同的观点。

（1）国内学者的观点。教师授课质量评估可以从教学目标、教学过程、教学效果等方面来考查，这种标准比较简单，具有通用性，可以作为评估的一般标准。

（2）国外学者的观点。教师授课的评估标准包括媒介指标和终极指标。媒介指标是评估授课过程的指标，注重教师的指导和学生的反应；终极指标是评估授课结果的指标，注重学生的进步、发展以及目标达成的情况等。苏联著名教育家巴班斯基提出了评估教师授课质量的指标，即本学科的知识、教育分寸、对新事物的感受、培养学生的一般技能、发展学生的思维、培养学生对学科的兴趣、学科课外活动的组织、以个别方式对待学生。

2. 常用的评估策略

评估教师授课质量的具体策略有很多，最常使用的是以下三种：

（1）综合量表评估策略。综合量表评估策略十分注重教学活动的具体分解、对信息化处理和将标准进行统一，因而是一种比较精细的数量化的评估策略。它具有标准具体化、结果准确率高、评估人员主观干扰较少的特点。

（2）调查策略。事实上，调查策略不仅可以评估学生的学业，还可以同时评估教师的授课质量。问卷和访谈也是调查策略最常用的评估方法。通过调查策略可了解特定教师在一段时间内的教学情况，多用于专门鉴定教师的综合教学水平的管理性评估。

（3）分析策略。分析策略是通过对教学工作进行定性分析来评定教师授课质量的，一般没有专门的评估标准，而是依靠测评人员的学识和经验进行评估。分析策略可以分为他评和自评两种方式，其评估结果以定性描述为主。分析策略的优点是能够突出主题或主要特征，且简便易行。缺点是主观性较强，规范性差。因此，分析策略适用于以改进教学工作为目的的日常教师授课评估，不适合规范的、管理型的教师授课质量评估。

（三）对教材评估的策略

教材是教学活动中最基本的、最重要的资源，也是教学过程的重要组成要素，因此对教材的评估很重要。评价课程材料通常需要涉及的方面有：课程原理、计划、标准、教学辅导材料、教师指南、教学计划和教案等。教材评估的标准主要包括合理性和可行性。为了落实课程教材的评估，必须实现标准的具体化。由于关于课程教材评估的标准有很多，所以在实施时，应根据对象的特点、目的、材料形式及适用领域，加以选择和重组，同时还应确立每一指标的加权方法，并兼顾数量和品质两个方面。具体来说，常用的课程教材评估的策略包括专家判断策略、观察策略、试验策略和调查策略等。

专家判断策略是利用专家的权威性、中立性及说服力，运用其知识和专长来提供对课程材料的意见和判断。通过收集专家的分析判断意见，可采用调查法、送审法、会议法以及内容分析法等对教材进行评估。

在课程评估中使用观察策略，主要是用于了解学习的操作过程和实施过程，确认应用课程的难度和达到目标的程度，可以了解课程的成效结果，确认数据收集的有效性。

参考文献

[1] 李光,郭爱东. 互联网视域下英语 O2O 教学模式研究[J]. 黑龙江教育(理论与实践), 2021(02): 68-69.

[2] 邓伟英."互联网+语境下"英语微格教学实训课程改革的研究与实践[J]. 佳木斯职业学院学报, 2021, 37(02): 81-82.

[3] 杜杨."互联网+"智慧教学视角下大学英语翻译授课[J]. 佳木斯职业学院学报, 2021, 37(02): 83-84.

[4] 赵宁霞."互联网+"背景下基于"对分课堂"的民办高校公共英语教学改革[J]. 黑龙江生态工程职业学院学报, 2021, 34(01): 153-156.

[5] 郭靓. 大学英语教学与跨文化能力培养的应用研究——评《大学英语教学与跨文化能力培养研究》[J]. 教育发展研究, 2021, 41(01): 86.

[6] 王悦."互联网+"时代大学英语线上与线下教学融合[J]. 中国新通信, 2021, 23(01): 198-199.

[7] 段御苑."互联网+"时代职业学校英语生态课堂的构建分析[J]. 科学咨询(科技·管理), 2021(01): 183.

[8] 仲津渔,吴雪峰. 浅谈互联网社交平台对高校旅游英语教学的驱动效应[J]. 英语广场, 2021(01): 77-80.

[9] 朱博,高晓萌,李晨阳,王国栋,朱丽丽."互联网+教育"背景下护理专业英语混合式教学效果评价[J]. 医学理论与实践, 2020, 33(24): 4229-4230.

[10] 杨洋. 新媒体坏境下英语文化传播与英语教学探讨[J]. 新闻研究导刊, 2020, 11(24): 214-215.

[11] 袁志远,郭克玲. 基于互联网的英语口译教学新模式[J]. 英语广场, 2020(36): 83-85.

[12] 熊晶晶. 关于现代教育技术在大学英语新课程改革中应用的探讨[J]. 英语广

场，2020（36）：111-113.

[13] 金立."互联网+"思维模式下高校英语教学反思[J]. 海外英语，2020（24）：164-165.

[14] 袁晓玲."互联网+"背景下高职院校英语教学创新分析[J]. 海外英语，2020（24）：189-190+201.

[15] 张璐. 基于微信的大学英语混合式教学SWOT分析[J]. 海外英语，2020（24）：191-192.

[16] 段丽馥. SPOC在应用型本科大学英语教学中的应用研究[J]. 海外英语，2020（24）：198-199.

[17] 姚令芝. 后疫情时代背景下大学英语线上线下混合教学模式的分析[J]. 财富时代，2020（12）：231-232.

[18] 陈敏洁."互联网+"背景下大学英语数字化网络教学体系设计与教学改革研究[J]. 科教导刊（下旬刊），2020（12）：58-59+92.

[19] 郑玲君."互联网+"背景下大学英语视听说课程的教学模式研究[J]. 科技风，2020（36）：44-45.

[20] 谢华. 微课模式下高校英语教育教学实践[J]. 食品研究与开发，2020，41（24）：267.

[21] 石玮. 现代远程教育条件下的混合教学模式研究[J]. 辽宁师专学报（社会科学版），2020（06）：70-71.

[22] 王红. 互联网思维在初中英语线上教学的应用[J]. 大连教育学院学报，2020，36（04）：30-32.

[23] 马婧."互联网+"信息化背景下中职学校会计教学改革探析[J]. 中国新通信，2020，22（24）：149-150.

[24] 张丽. 地方高校大学英语后续课程体系分析[J]. 中国新通信，2020，22（24）：189-191.

[25] 周谨平."互联网+CDIO"理念下大学英语一体化课程项目研究[J]. 现代商贸工业，2021，42（02）：138-140.

[26] 陈莹. 新媒体环境下高校英语教学改革路径研究[J]. 湖北开放职业学院学报，2020，33（23）：171-172.

[27] 耿高雅. 基于kahoot!平台的高职英语游戏化课堂教学模式研究[J]. 产业与科

技论坛，2020，19（24）：99-101.

[28] 包燕. 互联网+环境下英语课堂教学系统开发应用［J］. 陕西教育（高教），2020（12）：36-37.

[29] 罗红宇. "互联网+教育"背景下的中学混合课程教学改革研究［J］. 吉林省教育学院学报，2020，36（12）：71-74.

[30] 骆佼，张艳. 汽车服务工程专业英语教学改革初探［J］. 汽车维护与修理，2020（24）：28-29.

[31] 刘荔，齐丽红. 基于"互联网+"的大学英语翻转课堂教学效果实验研究［J］. 吉林化工学院学报，2020，37（12）：21-24.

[32] 杨婕，王璟珺. 基于翻转课堂理念的大学英语教学模式研究［J］. 英语广场，2020（35）：96-98.

[33] 王民红. 新媒体时代信息技术在高校英语教学中的应用——评《新媒体在英语教学中的有效应用研究》［J］. 中国科技论文，2020，15（12）：1464.

[34] 李思元. 基于信息技术的高校英语教学创新［J］. 绿色科技，2020（23）：258-260.

[35] 周福娟. 大数据时代综合英语教学模式研究［J］. 海外英语，2020（23）：25-27.

[36] 王芳. 新媒体环境下高校英语课程与思政教育相结合的途径探索［J］. 海外英语，2020（23）：38-39.

[37] 金立. 基于在线直播课的混合式大学英语教学研究［J］. 海外英语，2020（23）：113-114.

[38] 闫鑫. 大学英语教学中文化自信的培养［J］. 海外英语，2020（23）：137-138.

[39] 宋蕾. "互联网+"背景下大学英语混合式教学模式探索［J］. 河南财政税务高等专科学校学报，2020，34（06）：72-74.

[40] 陆敏英. 课程思政视域下高职英语对学生文化自信的培养探究［J］. 济南职业学院学报，2020（06）：54-56.

[41] 沈睿. 多模态教学模式在高职英语教学中的实践探究［J］. 中国多媒体与网络教学学报（中旬刊），2020（12）：42-43+46.

[42] 解辉，应慧. "互联网+"环境下的大学英语听力教学策略探析［J］. 教育教学论坛，2020（50）：319-321.

[43] 姚贝贝. 以语言交际为核心的"互联网+"英语教学实践探索 [J]. 决策探索（下），2020（12）：62-63.

[44] 张红. 新形势下高职英语教育创新模式探究 [J]. 科学咨询（教育科研），2020（12）：83.

[45] 张丹. "互联网+"背景下大学英语评价体系的构建 [J]. 红河学院学报，2020，18（06）：144-146.

[46] 屈江丽，周爽. "互联网+"多模态技术辅助下英语"金课"的设计与启示 [J]. 西安外国语大学学报，2020，28（04）：60-64.

[47] 闫启盈. 新媒体下的高校英语跨文化教学——评《英语思维与跨文化交际能力研究》[J]. 林产工业，2020，57（12）：139.

[48] 贺佳. "互联网+"大学英语智慧课堂教学策略研究 [J]. 电脑知识与技术，2020，16（34）：77-78+98.

[49] 朱恒华，于蕾. "互联网+"背景下大学英语教学探究 [J]. 科技视界，2020（34）：50-51.

[50] 张琪. 基于互联网思维的英语教学模式创新 [J]. 科技资讯，2020，18（34）：41-43.

[51] 巫辉强. "互联网+"背景下培养应用型人才的中职商务英语课堂教学模式探索 [J]. 科学咨询（科技·管理），2020（12）：157.

[52] 梁燕妮，王艳梅. 基于"互联网+"中职英语课教学设计探索研究 [J]. 职业，2020（34）：93-94.

[53] 俞婕. "互联网+"背景下高校英语教学研究——评《互联网+英语教学》[J]. 当代教育科学，2020（11）：97.

[54] 熊晓雪. "互联网+"时代背景下高校英语专业教学的实践改革方法 [J]. 海外英语，2020（22）：116-117.

[55] 李艳. 互联网+背景下大学英语教学模式探索 [J]. 海外英语，2020（22）：138+144.

[56] 王珍. 慕课背景下高职英语教学改革新策略研究 [J]. 海外英语，2020（22）：258-259.

[57] 李姝惠. "互联网+"背景下文化双向导入的大学英语教学模式 [J]. 黑河学院学报，2020，11（11）：130-131+162.

[58] 徐利. 高职英语教学中融入茶文化的创新路径研究 [J]. 福建茶叶, 2020, 42 (11): 174-175.

[59] 黄映鸥. 中医药院校大学英语课程教学模式探究 [J]. 黑龙江教育（理论与实践）, 2020 (12): 91-92.

[60] 丁路. 基于互联网的大学英语生态课程探讨 [J]. 科技资讯, 2020, 18 (33): 120-121+124.

[61] 芦慧芬. "互联网+" 背景下大学英语教学的创新实践探索 [J]. 开封文化艺术职业学院学报, 2020, 40 (11): 71-72.

[62] 成利军. "互联网+" 环境下高校英语阅读教育教学创新 [J]. 食品研究与开发, 2020, 41 (22): 241-243.

[63] 谷文月. "互联网+" 背景下的创客教育在大学英语教学中的应用 [J]. 海外英语, 2020 (21): 109-110.

[64] 李思. 移动学习工具在大学英语混合式教学中的运用初探 [J]. 海外英语, 2020 (21): 119-120.

[65] 孙夏. "互联网+" 背景下大学英语信息化教学探究 [J]. 现代交际, 2020 (21): 66-68.

[66] 赵明明. 互联网环境下高校英语线上线下混合式教学研究 [J]. 吉林广播电视大学学报, 2020 (11): 52-53.

[67] 张立峰, 操龙升. 互联网+背景下高职英语混合式教学策略研究 [J]. 陕西青年职业学院学报, 2020 (04): 22-25.

[68] 苏岩. 互联网时代生态英语教学效率评价研究——评《生态环境英语阅读》 [J]. 环境工程, 2020, 38 (11): 243.

[69] 王明琪. 电镀专业英语教学实践研究——评《表面精饰专业英语教程》 [J]. 电镀与精饰, 2020, 42 (11): 49.

[70] 鲁宵昳. 互联网时代高校英语教学改革研究——评《互联网+英语教学》 [J]. 中国科技论文, 2020, 15 (11): 1355.

[71] 程晓云. 互联网信息技术与大学英语教学之融合概述 [J]. 英语广场, 2020 (32): 91-94.

[72] 袁晓玲. 智慧课堂在高职大学英语课堂教学中的应用研究 [J]. 英语广场, 2020 (32): 119-121.

[73] 刘长缨. "互联网+"背景下的商务英语信息化教学探索[J]. 产业与科技论坛, 2020, 19(22): 146-147.

[74] 陆启霞. 基于翻转课堂英语教学改革路径研究[J]. 湖北开放职业学院学报, 2020, 33(21): 171-172.

[75] 于惟璇. "互联网+"背景下高职英语教师信息化教学能力提升途径[J]. 湖北开放职业学院学报, 2020, 33(21): 173-174.

[76] 张文艳, 王智莉, 杨晓红, 郭艳虹, 宋歌. "互联网+"背景下英语专业师范生教学技能现状与对策研究[J]. 就业与保障, 2020(21): 85-86.

[77] 孙喜悦, 姚欣苑. "互联网+"商务英语资源库建设实践研究[J]. 现代商贸工业, 2020, 41(35): 59-60.

[78] 金倩. 高职高专公共英语信息化教学案例[J]. 科技资讯, 2020, 18(32): 37-38+41.

[79] 梅文馨. "互联网+"视角下会计行业英语词汇在线教学对策分析[J]. 中国多媒体与网络教学学报(中旬刊), 2020(11): 10-13.

[80] 张慧. 疫情背景下《烹饪英语》互联网教学的实践与反思[J]. 中国多媒体与网络教学学报(中旬刊), 2020(11): 141-143.

[81] 王梦颖. 基于互联网+的听障学生混合式项目教学模式探析[J]. 科教导刊(上旬刊), 2020(11): 44-45.

[82] 张建鑫. 网络与课堂相结合的初中英语教学改革实践和效果探讨[J]. 科学咨询(教育科研), 2020(11): 225.

[83] 杨理. 基于POA理论的高职英语线上线下混合式教学创新实践研究[J]. 中国新通信, 2020, 22(21): 213-215.

[84] 刘意涛. 新媒体背景下的高校英语教学改革[J]. 办公自动化, 2020, 25(21): 33-34+10.

[85] 李莉, 刘爽. 新媒体时代英美文学评论在高校英语教学中的应用[J]. 食品研究与开发, 2020, 41(20): 231.

[86] 王容. 英语师范生新媒体教学模式应用策略研究[J]. 英语广场, 2020(28): 80-83.

[87] 黄宏. 新媒体平台在高校人才培育模式中的有效运用——基于"双微一抖"在高校英语教学中的创新思考[J]. 人才资源开发, 2020(18): 41-42.

［88］杨君. 新媒体环境下的高校英语教学改革与创新研究［J］. 产业与科技论坛，2020，19（18）：163－164.

［89］黄珍. 新媒体环境下高校英语阅读教学探索——评《高校英语教育教学理论与实践研究》［J］. 高教探索，2020（09）：133.

［90］江凌. 新媒体环境下高校英语信息化教学改革实践研究［J］. 海外英语，2020（16）：145－146.

［91］钱涌宁. 新媒体环境下高校英语信息化教学的运用与途径研究［J］. 河北农机，2020（08）：93.

［92］张蜜. 新媒体环境下的高校英语教学改革与创新探索［J］. 产业与科技论坛，2020，19（15）：196－197.

［93］武喆. 基于通识教育理念下新媒体融入英语教学改革的路径［J］. 内蒙古财经大学学报，2020，18（04）：40－43.

［94］刘卓媛. 新媒体环境下高校英语翻译教学创新研究［J］. 中国多媒体与网络教学学报（上旬刊），2020（07）：19－20.